CONTEÚDO DIGITAL PARA ALUNOS
Cadastre-se e transforme seus estudos em uma experiência única de aprendizado:

1. Entre na página de cadastro:
www.editoradobrasil.com.br/sistemas/cadastro

2. Além dos seus dados pessoais e de sua escola, adicione ao cadastro o código do aluno, que garantirá a exclusividade do seu ingresso a plataforma.

7061930A7309309

3. Depois, acesse: www.editoradobrasil.com.br/leb e navegue pelos conteúdos digitais de sua coleção :D

Lembre-se de que esse código, pessoal e intransferível, é valido por um ano. Guarde-o com cuidado, pois é a única maneira de você utilizar os conteúdos da plataforma.

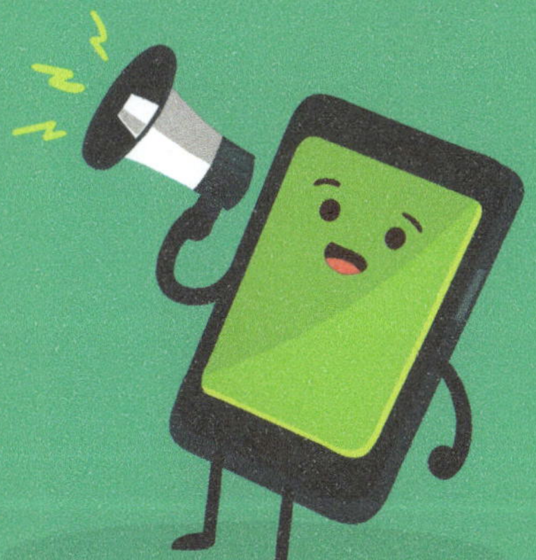

BRINCANDO COM AS PALAVRAS

Jaime Teles da Silva
Graduado em Pedagogia
Bacharel e licenciado em Educação Física
Especializado em Educação Física Escolar
Professor na rede municipal

Letícia García
Formada em Pedagogia
Professora de Educação Infantil

Vanessa Mendes Carrera
Mestre em Educação
Pós-graduada em Alfabetização e Letramento
Graduada em Pedagogia
Professora de Educação Infantil e do 1º ano
do Ensino Fundamental

Viviane Osso L. da Silva
Pós-graduada em Neurociência Aplicada à Educação
Pós-graduada em Educação Inclusiva
Graduada em Pedagogia
Professora de Educação Infantil e do 1º ano
do Ensino Fundamental

Educação Infantil

Dados Internacionais de Catalogação na Publicação (CIP)
(Câmara Brasileira do Livro, SP, Brasil)

> Brincando com as palavras: educação infantil 2 / Jaime Teles da Silva...[et al.]. – São Paulo: Editora do Brasil, 2019.
>
> Outros autores: Letícia García, Vanessa Mendes Carrera, Viviane Osso L. da Silva.
> ISBN 978-85-10-07788-0 (aluno)
> ISBN 978-85-10-07789-7 (professor)
>
> 1. Educação infantil I. Silva, Jaime Teles da. II. García, Letícia. III. Carrera, Vanessa Mendes. IV. Silva, Viviane Osso L. da.
>
> 19-28634   CDD-372.21

Índices para catálogo sistemático:
1. Educação infantil 372.21
Maria Alice Ferreira – Bibliotecária – CRB-8/7964

© Editora do Brasil S.A., 2019
Todos os direitos reservados

Direção-geral: Vicente Tortamano Avanso

Direção editorial: Felipe Ramos Poletti
Gerência editorial: Erika Caldin
Supervisão de arte e editoração: Cida Alves
Supervisão de revisão: Dora Helena Feres
Supervisão de iconografia: Léo Burgos
Supervisão de digital: Ethel Shuña Queiroz
Supervisão de controle de processos editoriais: Roseli Said
Supervisão de direitos autorais: Marilisa Bertolone Mendes

Supervisão editorial: Carla Felix Lopes
Coordenação pedagógica: Vanessa Mendes Carrera
Edição: Jamila Nascimento e Monika Kratzer
Assistência editorial: Ana Okada e Beatriz Pineiro Villanueva
Auxílio editorial: Marcos Vasconcelos
Copidesque: Gisélia Costa, Ricardo Liberal e Sylmara Beletti
Revisão: Martin Gonçalves e Mônica Reis
Pesquisa iconográfica: Daniel Andrade e Tatiana Lubarino
Assistência de arte: Letícia Santos
Design gráfico: Gabriela César e Megalo Design
Capa: Megalo Design
Imagem de capa: Raitan Ohi
Ilustrações: Andréia Vieira, Brambilla, Desenhorama, Eduardo Belmiro, Edson Farias, Fernando Raposo, Flip Estúdio, Henrique Brum, Lilian Gonzaga, Marcos Machado, Saulo Nunes Marques e Sônia Horn
Coordenação de editoração eletrônica: Abdonildo José de Lima Santos
Editoração eletrônica: Adriana Tami e Viviane Yonamine
Licenciamentos de textos e produção fonográfica: Cinthya Utiyama, Jennifer Xavier, Paula Harue Tozaki e Renata Garbellini
Controle de processos editoriais: Bruna Alves, Carlos Nunes e Stephanie Paparella

1ª edição / 3ª impressão, 2022
Impresso na Ricargraf Gráfica e Editora.

Rua Conselheiro Nébias, 887
São Paulo/SP – CEP 01203-001
Fone: +55 11 3226-0211

www.editoradobrasil.com.br

APRESENTAÇÃO

QUERIDA CRIANÇA,

VAMOS BRINCAR DE APRENDER? AFINAL, QUEM BRINCA APRENDE!

NESTE LIVRO, VOCÊ VAI CONHECER HISTÓRIAS, APRENDER BRINCADEIRAS, RECITAR CANTIGAS E PARLENDAS, BRINCAR DE ADIVINHAR, PINTAR, DESENHAR, REFLETIR SOBRE SITUAÇÕES DO DIA A DIA E COMPARTILHAR EXPERIÊNCIAS COM OS COLEGAS.

VOCÊ TAMBÉM VAI CRIAR E RECRIAR ARTE DO SEU JEITINHO, EXPLORANDO DIVERSOS MATERIAIS E DESCOBRINDO FORMAS CRIATIVAS DE UTILIZÁ-LOS.

FICOU ANIMADA?

ENTÃO, EMBARQUE NESTA DIVERTIDA APRENDIZAGEM E BOA BRINCADEIRA!

OS AUTORES

SUMÁRIO

BRINCANDO COM CANTIGA .... 6 A 22

CANTIGA; ADIVINHA; COMPREENSÃO LEITORA; DESENVOLVIMENTO DE COMPORTAMENTO LEITOR; LEITURA DE PALAVRAS EM LETRA BASTÃO E CURSIVA; DESENHO LIVRE E DIRIGIDO; PINTURA COM LÁPIS DE COR; TRAÇADO CIRCULAR E DE **X**; TRAÇADO A DEDO COM TINTA; TRAÇADO PARA COMPOR FIGURAS; TRAÇADO DE CAMINHO COM LÁPIS DE COR; CLASSIFICAÇÃO E DISCRIMINAÇÃO DE OBJETOS; ASSOCIAÇÃO ENTRE IMAGENS E PALAVRAS; DESTAQUE E COLAGEM DE FIGURAS; RECONHECIMENTO DE SOMBRA/SILHUETA DE FIGURA; ASSOCIAÇÃO ENTRE IMAGEM E PERSONAGEM; BRINCANDO COM ARTE: DOBRADURA DE UM CACHORRO; IDENTIFICAÇÃO DE DIFERENÇAS; VESTIMENTA TÍPICA DE BOIADEIRO; PARTES DO ROSTO; CRIAÇÃO DE FINAL DE HISTÓRIA POR MEIO DE DESENHO; ORGANIZAÇÃO DE CENAS PARA COMPOSIÇÃO DE ENREDO; ESTABELECIMENTO DE RELAÇÃO ENTRE CANTIGA E OPINIÃO PESSOAL.

BRINCANDO COM POEMA .... 23 A 62

POEMA; ADIVINHA; CANTIGA; DESENVOLVIMENTO DE COMPORTAMENTO LEITOR; ASSOCIAÇÃO ENTRE PALAVRAS E IMAGENS; LEITURA DE PALAVRAS EM LETRA BASTÃO E CURSIVA; LEITURA DE NOMES PRÓPRIOS; IDENTIFICAÇÃO DA PRIMEIRA LETRA DO NOME PRÓPRIO; DISCRIMINAÇÃO DAS VOGAIS; IDENTIFICAÇÃO DE VOGAIS INICIAIS EM PALAVRAS; IDENTIFICAÇÃO DE PALAVRAS, NOMES COMUNS E PRÓPRIOS, QUE COMEÇAM COM AS VOGAIS; RECONHECIMENTO DE PALAVRAS QUE INICIAM COM VOGAIS EM UM TEXTO; DESENHO LIVRE; PINTURA COM GIZ DE CERA; PINTURA; COLAGEM DECORATIVA; PINTURA ORIENTADA EM TONS DE AZUL; PINTURA CONFORME A LEGENDA; PINTURA PARA COMPOSIÇÃO DE FIGURA; TRAÇADO CIRCULAR E DE **X**; PINTURA DE LABIRINTO; COBERTURA DE TRACEJADO DAS VOGAIS EM LETRA BASTÃO E CURSIVA, MAIÚSCULA E MINÚSCULA; ASSOCIAÇÃO ENTRE PARTE E TODO EM IMAGENS; ASSOCIAÇÃO DE VOGAIS EM LETRA CURSIVA E EM LETRA BASTÃO; ASSOCIAÇÃO DE PALAVRAS EM LETRA BASTÃO E EM LETRA CURSIVA; ESCRITA DO PRÓPRIO NOME; ESCRITA DE VOGAIS EM PALAVRAS; DESTAQUE E COLAGEM DE FIGURAS; ANIMAIS CUJOS NOMES COMEÇAM COM A LETRA **A**; ESCRITA ESPONTÂNEA DE NOME DE ANIMAL; LETRA INICIAL DE NOMES DE ANIMAIS; RECORTE E COLAGEM DE PALAVRAS DE JORNAIS E REVISTAS; COLAGEM DE PALITOS; LISTA DE PALAVRAS QUE COMEÇAM COM A VOGAL **O**; COMPOSIÇÃO DE PALAVRAS COM AS VOGAIS.

BRINCANDO COM CANTIGA .... 63 A 81

CANTIGA; PARLENDA; QUADRINHA; ADIVINHA; RECONHECIMENTO DE ENCONTROS VOCÁLICOS: AI, OI, AU, UI, AO, OU, OA, EU, ÉU, EI, ÃO, IO, AO, IA, UA; COBERTURA DE TRACEJADO DE ENCONTROS VOCÁLICOS EM LETRA BASTÃO E CURSIVA, MAIÚSCULA E MINÚSCULA; GRAFIA DE ENCONTROS VOCÁLICOS; IDENTIFICAÇÃO DE ENCONTROS VOCÁLICOS EM PALAVRAS; COMPOSIÇÃO DE PALAVRAS COM ENCONTROS VOCÁLICOS; RECONHECIMENTO DE PALAVRAS COM ENCONTROS VOCÁLICOS EM TEXTO; IDENTIFICAÇÃO DAS VOGAIS QUE COMPÕEM OS ENCONTROS VOCÁLICOS; PINTURA COM LÁPIS DE COR; PINTURA DE ACORDO COM LEGENDA; DESTAQUE E COLAGEM DE FIGURAS; RECORTE E COLAGEM DE PALAVRAS; BRINCANDO COM ARTE: DOBRADURA DE UM CHAPÉU; COLAGEM DE FOTOGRAFIA; RECONHECIMENTO DE PALAVRAS DITADAS PELO PROFESSOR; DESENVOLVIMENTO DE COMPORTAMENTO LEITOR.

BRINCANDO COM POEMA .... **82 A 131**

POEMA; CANTIGA; ADIVINHA; PARLENDA; TRAVA-LÍNGUA; TIRINHA; HAICAI; ATENÇÃO SELETIVA PARA IDENTIFICAÇÃO DE LETRAS; IDENTIFICAÇÃO DAS LETRAS DO PRÓPRIO NOME; RECONHECIMENTO DAS LETRAS INICIAIS DAS PALAVRAS; COBERTURA DE TRACEJADO DAS LETRAS DO ALFABETO; PINTURA DE FIGURAS; PINTURA DE ACORDO COM A LEGENDA; ALIMENTOS E PREFERÊNCIAS ALIMENTARES; COMPOSIÇÃO DE PALAVRAS COM AS VOGAIS; COMPOSIÇÃO DE PALAVRAS COM AS CONSOANTES; ASSOCIAÇÃO ENTRE FIGURAS E PALAVRAS; DESTAQUE E COLAGEM DE FIGURAS; IDENTIFICAÇÃO DE LETRAS EM TEXTOS; TRAÇADO EM CÍRCULO E DE **X**; BRINCANDO COM ARTE: PINTURA GELADA; DESENHO; RECONHECIMENTO DE LETRA EM SUAS FORMAS BASTÃO E CURSIVA, MAIÚSCULA E MINÚSCULA; ASSOCIAÇÃO DE PALAVRAS EM LETRAS BASTÃO E CURSIVA; LEITURA DE PALAVRAS COM APOIO DE IMAGEM; ESCRITA ESPONTÂNEA DE PALAVRAS; NOMES PRÓPRIOS COM LETRA INICIAL **K**, **W** E **Y**; DESTAQUE E COLAGEM DE LETRAS; ORDEM ALFABÉTICA; ESCRITA ESPONTÂNEA DE LISTA DE ALIMENTOS PREFERIDOS; COMPOSIÇÃO DE PALAVRAS: PALAVRAS DENTRO DAS PALAVRAS; BRINCANDO COM ARTE: CRIAÇÃO DE ALFABETO COM PALITOS DE SORVETE; COLAGEM DE FOTO; DESENVOLVIMENTO DE COMPORTAMENTO LEITOR.

BRINCANDO COM CANTIGA .... **132 A 138**

CANTIGA; BILHETE; CARTA; ATENÇÃO SELETIVA PARA IDENTIFICAÇÃO DE LETRAS; REVISÃO DAS LETRAS DO ALFABETO; GRAFIA DE LETRAS; COMPOSIÇÃO DE PALAVRAS COM VOGAIS OU CONSOANTES; DESTAQUE E COLAGEM DE FIGURAS; PARTES DO CORPO DA AVE; ESCRITA ESPONTÂNEA DE NOMES PRÓPRIOS; ORGANIZAÇÃO DE LETRAS PARA FORMAR PALAVRAS; DIAGRAMA DE VOGAIS; DESENHO LIVRE; ESCRITA ESPONTÂNEA DE PALAVRAS; PORTADOR TEXTUAL: ENVELOPE; LEITURA DE NOME PRÓPRIO; ESCUTA ATIVA; DESENVOLVIMENTO DE COMPORTAMENTO LEITOR.

BRINCANDO COM POEMA .... **139 A 144**

POEMA; NOÇÃO DE ROTINA; ESCRITA ESPONTÂNEA DE LISTA DE SUPERMERCADO; DESTAQUE E COLAGEM DE FRASES; LEITURA DE NOMES PRÓPRIOS; TÍTULOS DE LIVROS INFANTIS; ESCRITA ESPONTÂNEA DE TÍTULO DE HISTÓRIA PREFERIDA; ETIQUETA; DESENHO LIVRE; PINTURA COM LÁPIS DE COR; ASSOCIAÇÃO ENTRE IMAGENS E PALAVRAS; GRAFIA DE NOMES PRÓPRIOS; DESENVOLVIMENTO DE COMPORTAMENTO LEITOR.

ENCARTES DE ADESIVOS .... **145 A 152**

ENCARTES DE PICOTES .... **153 A 160**

BRINCANDO COM CANTIGA

VOVÓ MATILDE ERA UMA VELHINHA QUE GOSTAVA MUITO DE FIAR. VAMOS PINTÁ-LA?

A VELHA A FIAR

ESTAVA A VELHA NO SEU LUGAR,
VEIO A MOSCA LHE FAZER MAL.
A MOSCA NA VELHA E A VELHA A FIAR.

ESTAVA A MOSCA NO SEU LUGAR,
VEIO A ARANHA LHE FAZER MAL.
A ARANHA NA MOSCA, A MOSCA NA VELHA E A VELHA A FIAR.

ESTAVA A ARANHA NO SEU LUGAR,
VEIO O RATO LHE FAZER MAL.
O RATO NA ARANHA, A ARANHA NA MOSCA,
A MOSCA NA VELHA E A VELHA A FIAR.

CANTIGA.

VELHA

VOCÊ JÁ VIU UMA MÁQUINA DE FIAR? COM ELA, É POSSÍVEL FIAR LÃ, ALGODÃO, SEDA OU OUTRO TECIDO.

PINTE ESTES OBJETOS DE COSTURA E CIRCULE O NOVELO DE LÃ.

O QUE É, O QUE É?

PAREÇO CURTO QUANDO ENROLADO,
MAS SOU COMPRIDO QUANDO DESENROLADO.

ADIVINHA.

LÃ
lã

QUEM VEIO INCOMODAR VOVÓ MATILDE ENQUANTO ELA FIAVA?
MOLHE O DEDO NA TINTA E CUBRA OS CAMINHOS FEITOS PELA MOSCA.

VOCÊ SE LEMBRA DOS PERSONAGENS DA CANTIGA **A VELHA A FIAR**? DESTAQUE AS FIGURAS DA PÁGINA 145 E COMPLETE A CANTIGA.

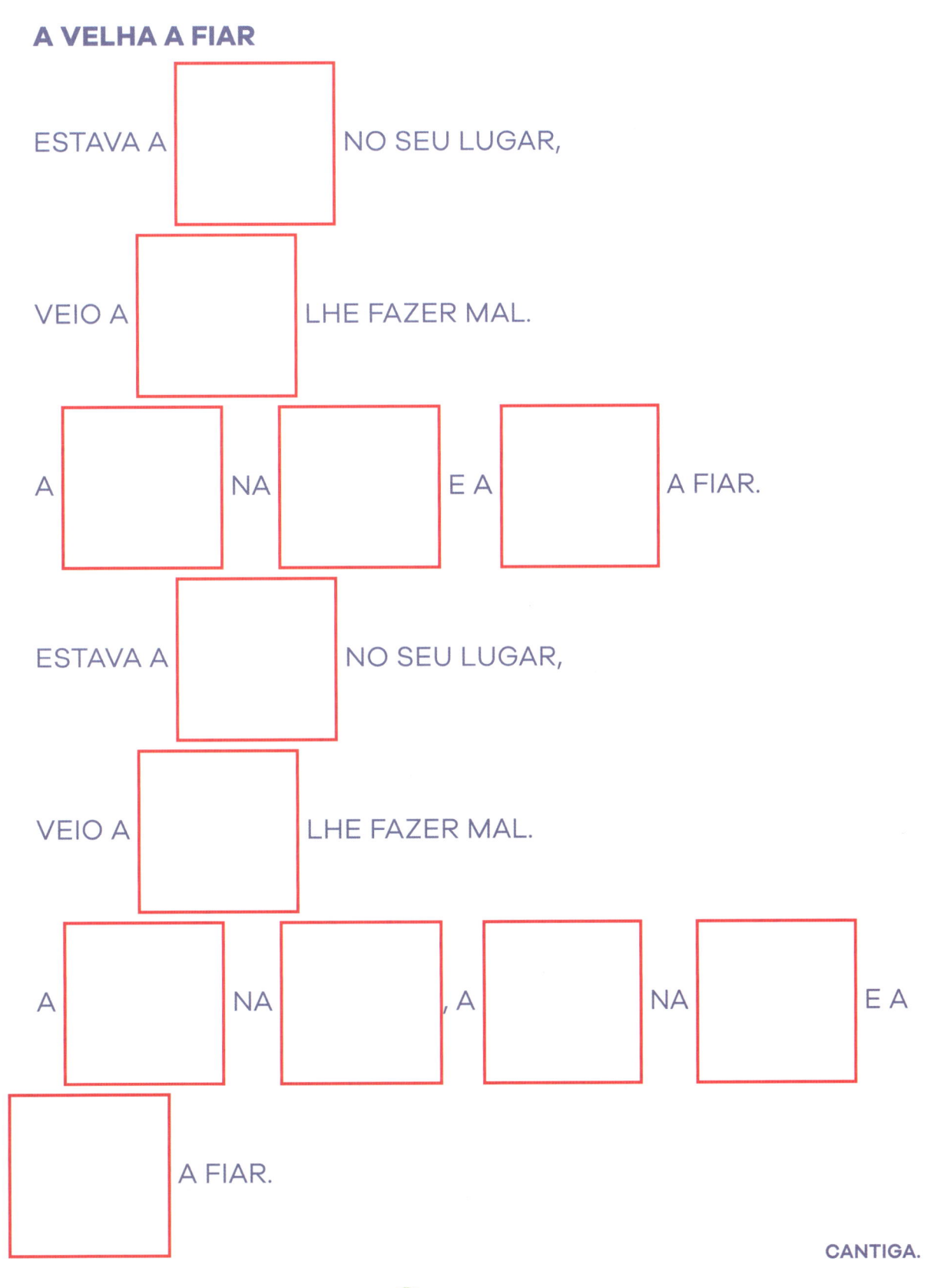

A VELHA A FIAR

ESTAVA A ▢ NO SEU LUGAR,

VEIO A ▢ LHE FAZER MAL.

A ▢ NA ▢ E A ▢ A FIAR.

ESTAVA A ▢ NO SEU LUGAR,

VEIO A ▢ LHE FAZER MAL.

A ▢ NA ▢ , A ▢ NA ▢ E A ▢ A FIAR.

CANTIGA.

NA CANTIGA, QUEM APARECEU PARA INCOMODAR A MOSCA?

DESENHE A ARANHA E AJUDE-A A COMPLETAR SUA TEIA LIGANDO OS PONTOS.

A DONA ARANHA

A DONA ARANHA SUBIU PELA PAREDE
VEIO A CHUVA FORTE E A DERRUBOU.
JÁ PASSOU A CHUVA E O SOL JÁ ESTÁ SURGINDO
E A DONA ARANHA CONTINUA A SUBIR.

ELA É TEIMOSA E DESOBEDIENTE
SOBE, SOBE, SOBE E NUNCA ESTÁ CONTENTE.

CANTIGA.

ARANHA

aranha

NA CANTIGA, QUEM VEIO INCOMODAR A ARANHA?

A ARANHA VIU A SOMBRA DO RATO E SAIU CORRENDO!

FAÇA UM X NA SOMBRA CORRESPONDENTE AO RATO.

> ESTAVA A ARANHA NO SEU LUGAR,
> VEIO O RATO LHE FAZER MAL.
> O RATO NA ARANHA, A ARANHA NA MOSCA,
> A MOSCA NA VELHA E A VELHA A FIAR.
>
> **CANTIGA.**

RATO

rato

ESTAVA O RATO NO SEU LUGAR,
VEIO O GATO LHE FAZER MAL.
O GATO NO RATO, O RATO NA ARANHA, A ARANHA NA MOSCA, A MOSCA NA VELHA E A VELHA A FIAR.

CANTIGA.

TRACE O CAMINHO DO GATO ATÉ O RATO.

ESTAVA O GATO NO SEU LUGAR,
VEIO O CACHORRO LHE FAZER MAL.
O CACHORRO NO GATO, O GATO NO RATO, O RATO NA ARANHA,
A ARANHA NA MOSCA, A MOSCA NA VELHA E A VELHA A FIAR.

CANTIGA.

DESTAQUE DA PÁGINA 147 AS PEÇAS PARA FORMAR A FIGURA DE DOIS PERSONAGENS DA CANTIGA E COLE-AS NOS LUGARES CORRETOS.

CACHORRO

cachorro

GATO

gato

BRINCANDO COM ARTE

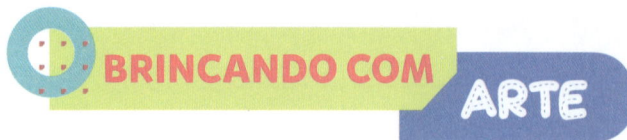

QUE TAL FAZER ARTE COM DOBRADURA?

SIGA O PASSO A PASSO E FAÇA A DOBRADURA DE UM CACHORRO.

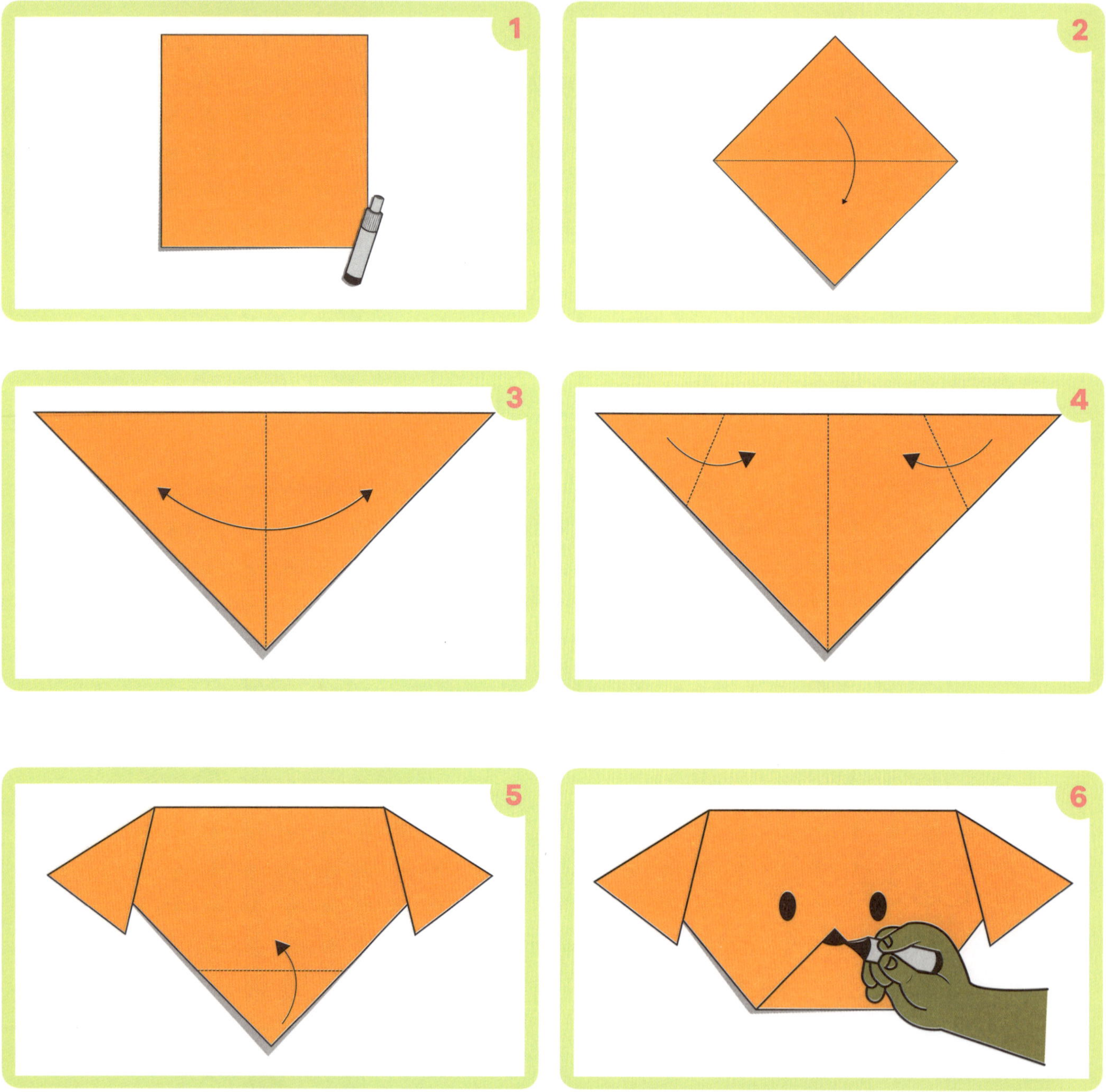

COLE SUA DOBRADURA EM UMA FOLHA À PARTE E DESENHE UM CENÁRIO BEM COLORIDO PARA SEU CACHORRINHO.

[...] ESTAVA O PAU NO SEU LUGAR,
VEIO O FOGO LHE FAZER MAL.
O FOGO NO PAU, O PAU NO CACHORRO, O CACHORRO NO GATO, O GATO NO RATO, O RATO NA ARANHA, A ARANHA NA MOSCA, A MOSCA NA VELHA E A VELHA A FIAR.

CANTIGA.

PARA FAZER UMA FOGUEIRA, É PRECISO COLOCAR FOGO EM PAUS DE MADEIRA.

COMPLETE O TRACEJADO DA FOGUEIRA E PINTE-A.

FOGO

fogo

PAU

pau

ESTAVA O FOGO NO SEU LUGAR,
VEIO A ÁGUA LHE FAZER MAL.
A ÁGUA NO FOGO, O FOGO NO PAU, O PAU NO CACHORRO, O CACHORRO NO GATO, O GATO NO RATO, O RATO NA ARANHA, A ARANHA NA MOSCA, A MOSCA NA VELHA E A VELHA A FIAR.

CANTIGA.

USAMOS ÁGUA PARA APAGAR O FOGO!

PINTE A ÁGUA E CUBRA O TRACEJADO DE SUAS GOTAS.

ESTAVA A ÁGUA NO SEU LUGAR,
VEIO O BOI LHE FAZER MAL.
O BOI NA ÁGUA, A ÁGUA NO FOGO, O FOGO NO PAU, O PAU NO CACHORRO, O CACHORRO NO GATO, O GATO NO RATO, O RATO NA ARANHA, A ARANHA NA MOSCA, A MOSCA NA VELHA E A VELHA A FIAR.

CANTIGA.

A ÁGUA FORMOU UMA POÇA AO CAIR NO CHÃO E O BOI VEIO MATAR A SEDE BEBENDO ÁGUA!

ENCONTRE CINCO DIFERENÇAS NA SEGUNDA IMAGEM EM RELAÇÃO À PRIMEIRA E MARQUE-AS COM UM **X**.

BOI

boi

> ESTAVA O BOI NO SEU LUGAR,
> VEIO O HOMEM LHE FAZER MAL.
> O HOMEM NO BOI, O BOI NA ÁGUA, A ÁGUA NO FOGO, O FOGO NO PAU, O PAU NO CACHORRO, O CACHORRO NO GATO, O GATO NO RATO, O RATO NA ARANHA, A ARANHA NA MOSCA, A MOSCA NA VELHA E A VELHA A FIAR.
>
> **CANTIGA.**

VAMOS VESTIR O HOMEM COM ROUPAS DE BOIADEIRO?

DESTAQUE AS FIGURAS DA PÁGINA 147 E VISTA O HOMEM COM AS PEÇAS DE ROUPA.

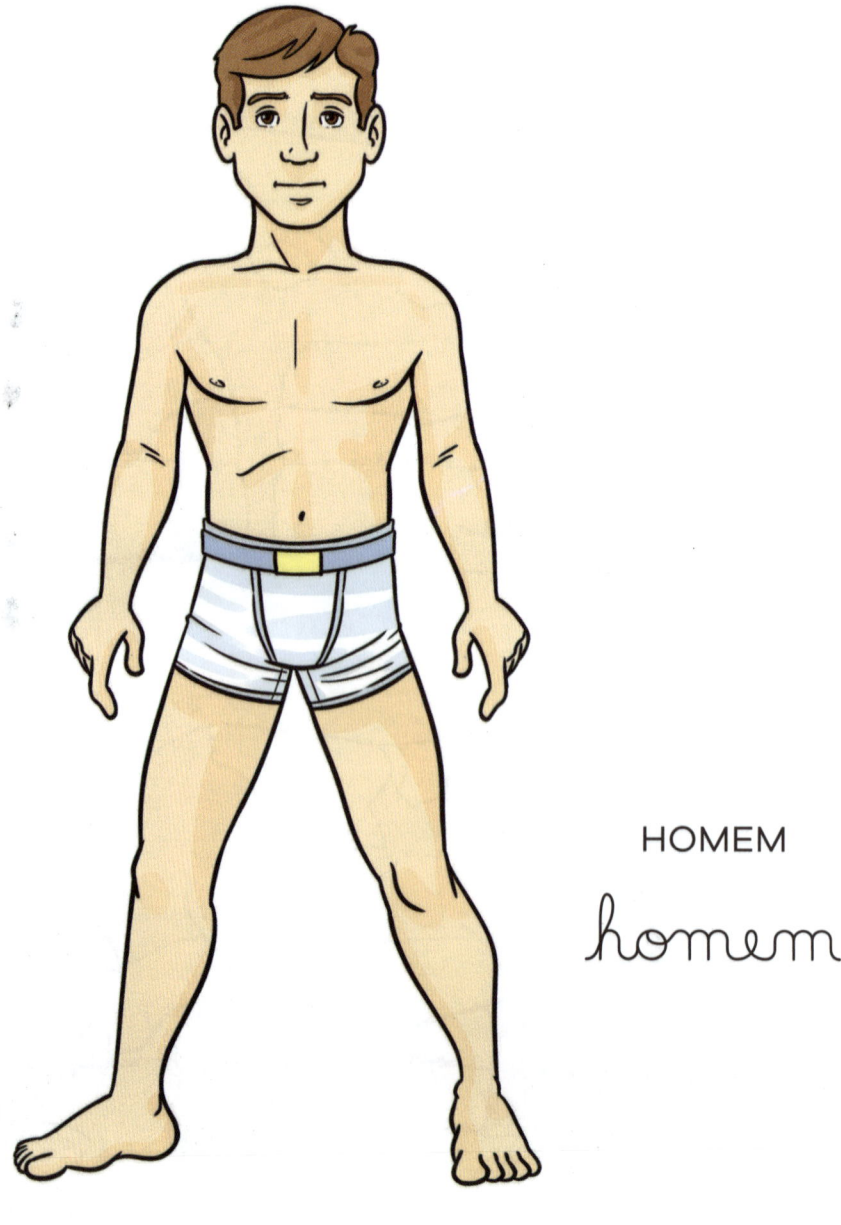

HOMEM

homem

ESTAVA O HOMEM NO SEU LUGAR,
VEIO A MULHER LHE FAZER MAL.
A MULHER NO HOMEM, O HOMEM NO BOI, O BOI NA ÁGUA, A ÁGUA NO FOGO, O FOGO NO PAU, O PAU NO CACHORRO, O CACHORRO NO GATO, O GATO NO RATO, O RATO NA ARANHA, A ARANHA NA MOSCA, A MOSCA NA VELHA E A VELHA A FIAR.

CANTIGA.

VAMOS COMPLETAR O ROSTO DA MULHER?

DESENHE E PINTE AS PARTES QUE FALTAM DO ROSTO DA MULHER.

MULHER

mulher

COMO SERÁ QUE A HISTÓRIA DA CANTIGA **A VELHA A FIAR** ACABA? DESENHE ABAIXO UM FINAL PARA ELA.

OBSERVE AS CENAS E NUMERE-AS NA SEQUÊNCIA DOS ACONTECIMENTOS DA CANTIGA. DEPOIS, RECONTE-A PARA A TURMA.

E EM RELAÇÃO A VOCÊ? O QUE O DEIXA INCOMODADO? DESENHE ABAIXO.

BRINCANDO COM POEMA

AFETO PARA O ALFABETO

ÁGUA PARA A ÁGUIA.
ALGA PARA O AQUÁRIO.
ALGO PARA ALGUÉM.
ATUM PARA O ARTHUR.
AGOGÔ PARA O AGENOR.
ALEGRIA PARA O ARTILHEIRO.
APITO PARA O ÁRBITRO.
ACADEMIA PARA O ATLETA.

ÁRVORES PARA A AVENIDA.
ASFALTO PARA O AUTOMÓVEL.
AURÉOLA PARA O ANJO.
APELIDO PARA O AMIGO.
APERTO PARA O ABRAÇO.
APLAUSOS PARA A ATRIZ.
ABECEDÁRIO PARA O APRENDIZ.

JONAS RIBEIRO. ALFABÉTICO, ALMANAQUE DO ALFABETO POÉTICO.
SÃO PAULO: EDITORA DO BRASIL, 2015. P. 9.

CUBRA O TRACEJADO DAS VOGAIS.

A   E   I   O   U

HÁ LETRAS POR TODOS OS LADOS! CIRCULE APENAS AS VOGAIS.

H   P   S   V
C   D   G   J   R
K   E   L   N   T
B   U   Y   M   O
X   F   Q   I
A   Z   W

VOCÊ SE LEMBRA DE OUTRA FORMA DE ESCREVER AS VOGAIS?
LIGUE AS MESMAS VOGAIS ESCRITAS DE DIFERENTES FORMAS.

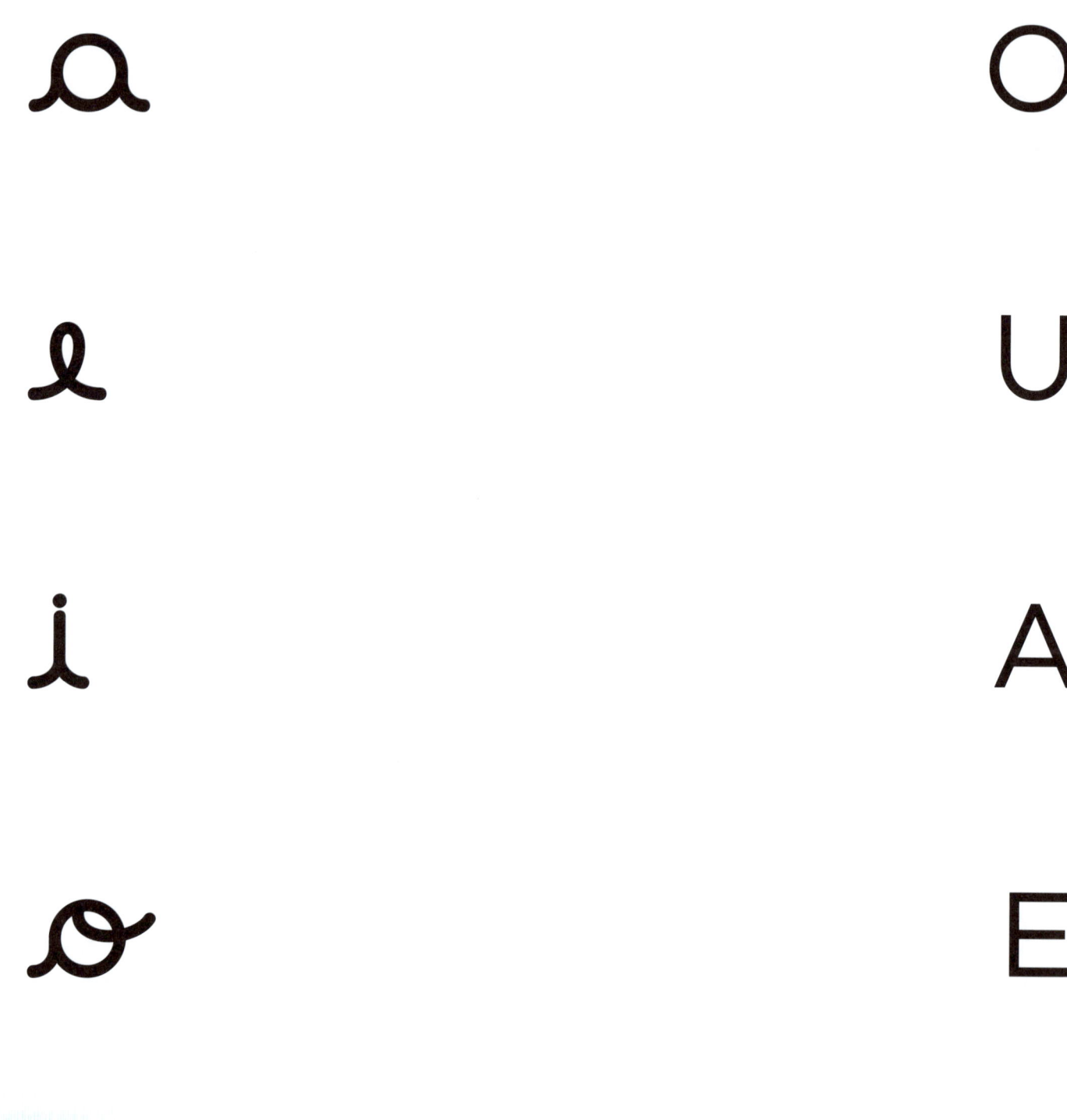

ARTHUR É UM MENINO MUITO ESPERTO.

ESCREVA SEU NOME NO QUADRO.

QUE VOGAIS APARECEM EM SEU NOME? CIRCULE-AS.
AGORA, PINTE A PRIMEIRA LETRA DE SEU NOME.

VEJA MAIS ALGUMAS PALAVRAS QUE APRESENTAM VOGAIS!

CUBRA O TRACEJADO DAS VOGAIS. DEPOIS, DESTAQUE AS FIGURAS DA PÁGINA 145 E COLE-AS NOS QUADROS CORRESPONDENTES.

ATUM

ESTRELA

ILHA

OURÇO

ULISSES

O ATUM É O PEIXE PREFERIDO DE ARTHUR!
PINTE O ATUM DE **AZUL-CLARO** E **AZUL-ESCURO**.

QUE TAL APRENDER PALAVRAS QUE COMEÇAM COM A VOGAL **A**?

A PALAVRA **ATUM** COMEÇA COM A LETRA **A**.

CUBRA O TRACEJADO DA LETRA **a** –  E CONTINUE ESCREVENDO-A NA LINHA.

[...] NUMA BELA MANHÃ DE SOL, O PEIXINHO SAIU PARA PASSEAR. IA CONTENTE, A NADAR, NAS ÁGUAS VERDES E AZUIS DO MAR. [...]

THEREZINHA CASASANTA. PEIXINHO DOURADO VAI PASSEAR. SÃO PAULO: EDITORA DO BRASIL, 2009. P. 8.

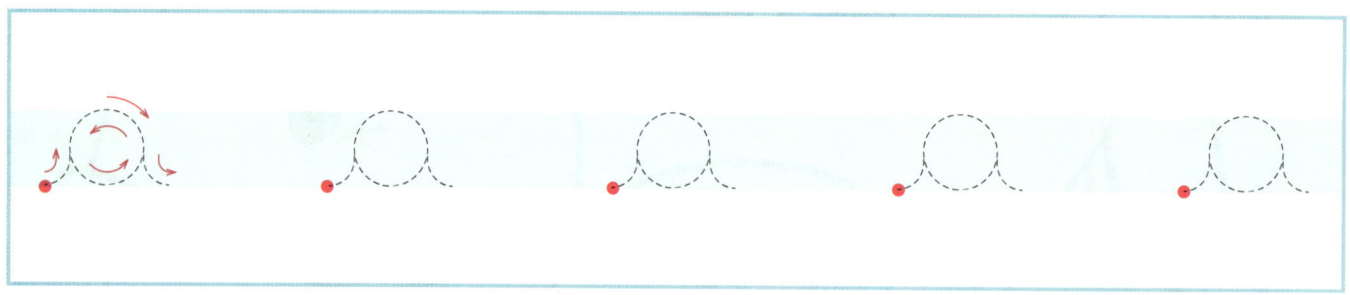

O NOME **ARTHUR** TAMBÉM COMEÇA COM A LETRA **A**!

CUBRA O TRACEJADO DA LETRA **A** – a E CONTINUE ESCREVENDO-A NA LINHA.

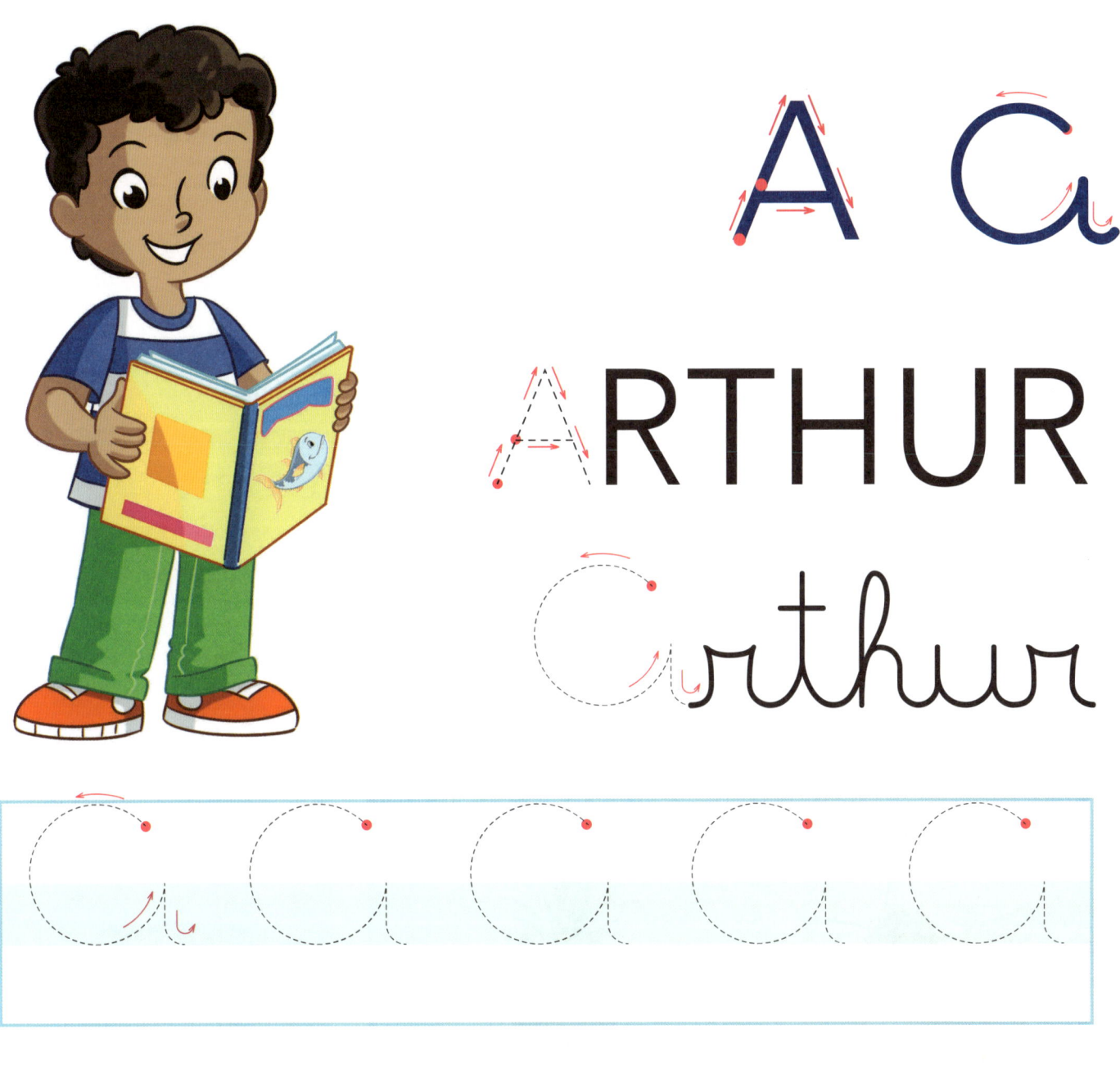

ENCONTRE AS PALAVRAS **ARTHUR** E **ATUM** NO TEXTO ABAIXO E PINTE-AS DE **ROXO**.

ARTHUR

ATUM

Arthur

atum

ARTHUR AVISTOU O ATUM.
O ATUM VIVE NA ÁGUA E FICOU PRESO NA ALGA.

COMPLETE AS PALAVRAS COM A LETRA **A** E *a*.

___BELHA

___BACAXI

___NEL

___*belha*

___*bacaxi*

___*nel*

AGORA, ENCONTRE AS PALAVRAS *Arthur* E *atum* NO TEXTO ABAIXO E, DEPOIS, PINTE-AS DE **LARANJA**.

> Arthur avistou o atum.
> O atum vive na água e ficou preso na alga.

LIGUE AS PALAVRAS IGUAIS.

ARTHUR — abelha

ALGA — alga

ABELHA — Arthur

ABACAXI — abacaxi

ALÉM DO ATUM E DA ABELHA, VOCÊ CONHECE OUTROS NOMES DE ANIMAIS QUE COMEÇAM COM A VOGAL **A**?

ESCOLHA UM DESSES ANIMAIS E DESENHE-O NO QUADRO A SEGUIR.

QUE ANIMAL VOCÊ DESENHOU?

ESCREVA O NOME DELE.

ELISA, AMIGA DE ARTHUR, AVISTOU NA PRAIA UMA ESTRELA-DO-MAR! MAS, PARA CHEGAR ATÉ ELA, PRECISARÁ PASSAR POR UM LABIRINTO DE PALAVRAS!

PINTE AS PALAVRAS QUE COMEÇAM COM A VOGAL **A** – **a** E 𝒜 – 𝒶 E AJUDE ELISA A ENCONTRAR A ESTRELA-DO-MAR.

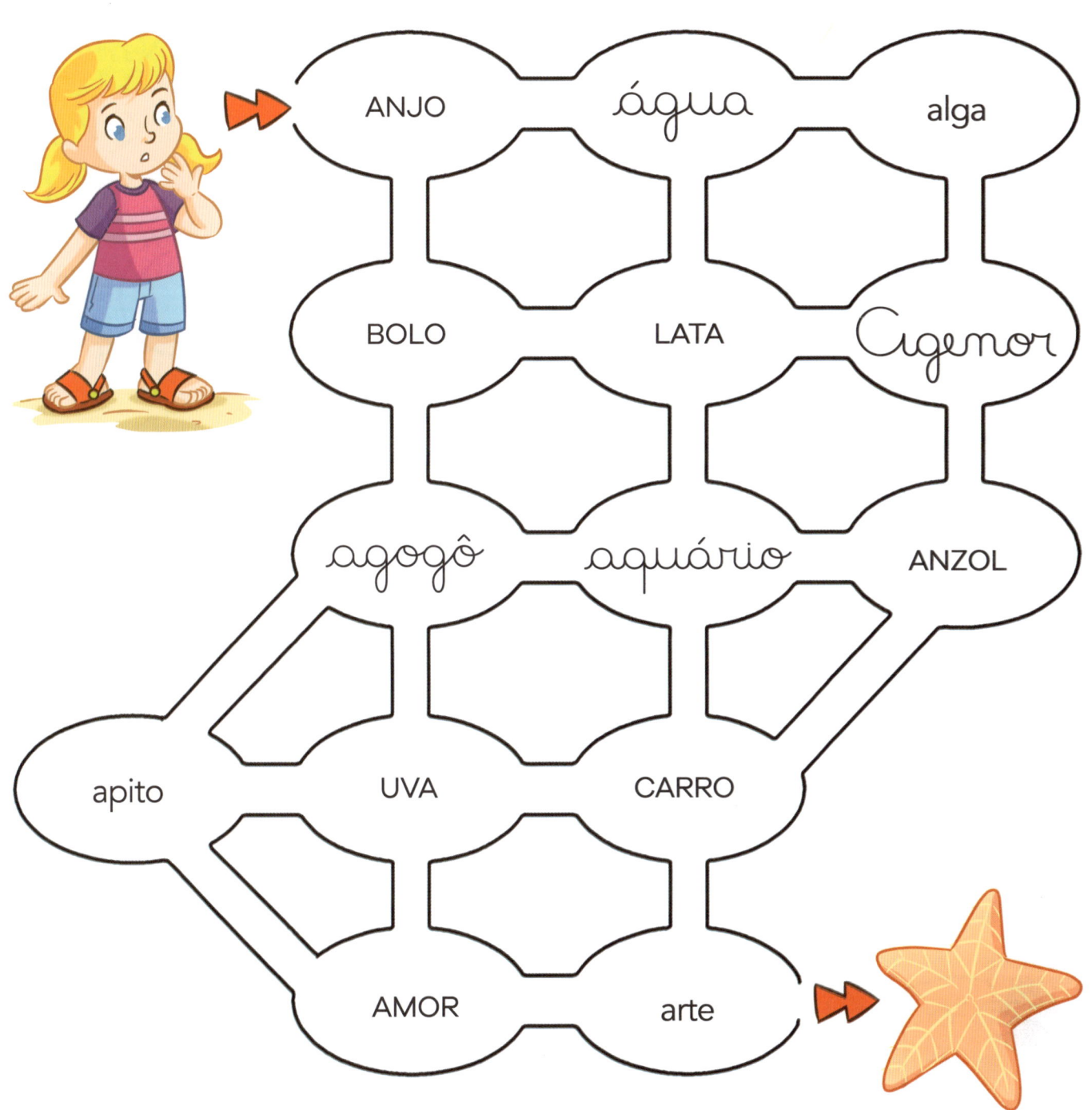

VOCÊ JÁ VIU UMA ESTRELA-DO-MAR?
QUE TAL ENFEITAR UMA DELAS?

O QUE É, O QUE É?

VIVO NO CÉU E NO MAR:
SE OLHAR PARA CIMA,
ME VERÁ BRILHAR.
SE OLHAR PARA BAIXO,
PERTO DE SEUS PÉS VOU ESTAR.

ADIVINHA.

ESTRELA-DO-MAR

estrela-do-mar

VAMOS APRENDER PALAVRAS QUE COMEÇAM COM A VOGAL **E**?

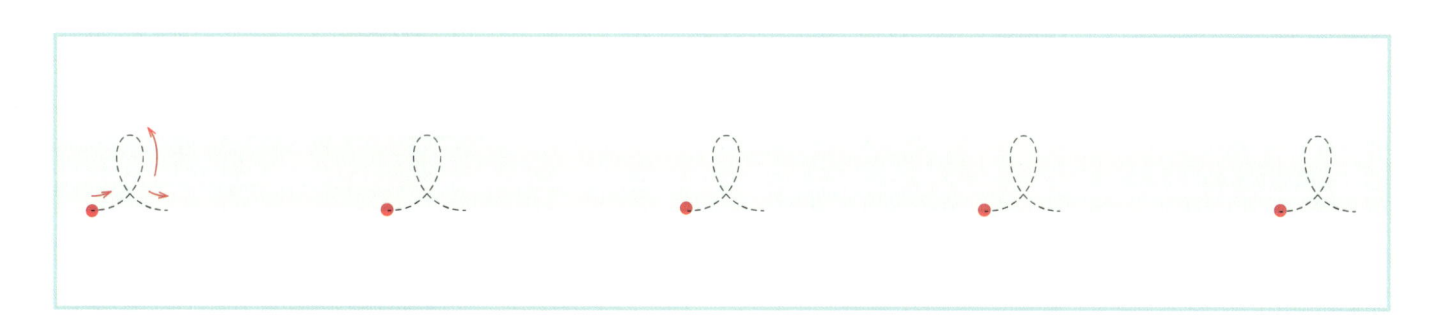

A PALAVRA **ESTRELA** COMEÇA COM A LETRA **E**.

CUBRA O TRACEJADO DA LETRA e – ℓ E CONTINUE ESCREVENDO-A NA LINHA.

BRILHA, BRILHA, ESTRELINHA

BRILHA, BRILHA, ESTRELINHA
QUERO VER VOCÊ BRILHAR.
BRILHA, BRILHA, ESTRELINHA
QUERO VER VOCÊ BRILHAR.

CANTIGA.

e ℓ

estrela

estrela

O NOME DE ELISA TAMBÉM COMEÇA COM A LETRA **E**!

CUBRA O TRACEJADO DA LETRA **E** – Ɛ E CONTINUE ESCREVENDO-A NA LINHA.

E Ɛ

ELISA

Elisa

ENCONTRE AS PALAVRAS **ELISA** E **ESTRELA** NO TEXTO ABAIXO E CIRCULE-AS DE **VERDE**.

ELISA

Elisa

ESTRELA

estrela

ELISA ENCONTROU A ESTRELA-DO-MAR NA PRAIA.
A ESTRELA ERA LARANJA.

ESCREVA A LETRA INICIAL DO NOME DE CADA FIGURA E PINTE-AS.

AGORA, ENCONTRE AS PALAVRAS *Elisa* E *estrela* NO TEXTO ABAIXO E CIRCULE-AS DE **VERMELHO**.

Elisa encontrou a estrela-do-mar na praia.

A estrela era laranja.

RECORTE DE JORNAIS E REVISTAS PALAVRAS COM A LETRA **E** – **e**.

PINTE AS LETRAS DE ACORDO COM AS CORES INDICADAS.

A a 𝒶 𝒶			E e Ɛ ℯ		
A	𝒶	ℴ	E	𝒶	ℯ
i	e	Ɛ	U	A	u
a	E	µ	o	𝒶	𝒶
𝒾	ℯ	o	e	a	Ɛ

LIGUE CADA CRIANÇA A SEU NOME E CUBRA OS TRACEJADOS.

𝒜𝓁𝒾𝒸𝑒

ℰ𝓁𝒾𝒶𝓈

IVO, PAI DE ELISA, GOSTA DE MERGULHAR NO FUNDO DO MAR. ELE VÊ DIVERSOS ANIMAIS MARINHOS QUANDO MERGULHA.

OBSERVE AS IMAGENS COM ATENÇÃO E LIGUE AS PEÇAS ÀS PARTES QUE FALTAM NA CENA.

IVO

IVO NADOU, NADOU E ACABOU CHEGANDO A UMA ILHA.

DESENHE O QUE VOCÊ IMAGINA QUE ELE ENCONTROU NA ILHA.

ILHA

ilha

QUE TAL APRENDER PALAVRAS QUE COMEÇAM COM A VOGAL I?

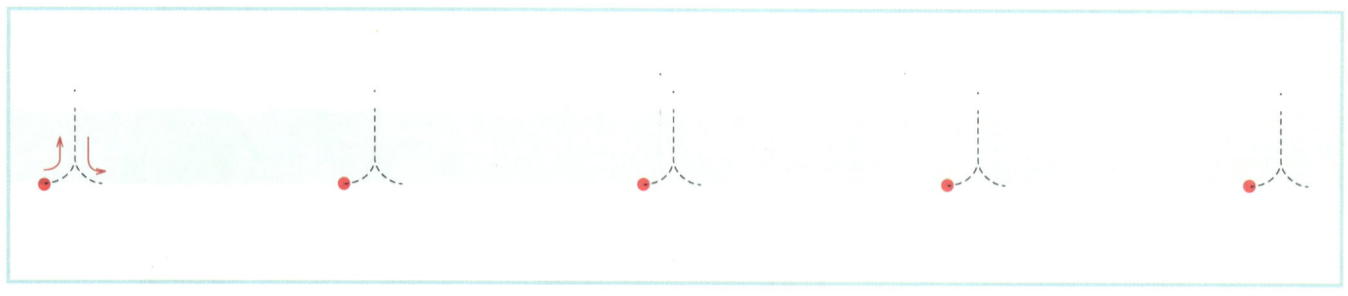

A PALAVRA **ILHA** COMEÇA COM A LETRA **I**.

CUBRA O TRACEJADO DA LETRA i – ᴊ E CONTINUE ESCREVENDO-A NA LINHA.

QUE MARAVILHA!
EU E UM GÊNIO
NUMA ILHA.

VOU PEDIR
UM DESEJO POR DIA. [...]

LÁZARO SIMÕES NETO. UMA LÂMPADA COM UM GÊNIO DENTRO. IN: LALAU. **O QUE LEVAR PARA UMA ILHA DESERTA**. SÃO PAULO: LEYA, 2011. P. 8.

O NOME DE **IVO** TAMBÉM COMEÇA COM A LETRA **I**!
CUBRA O TRACEJADO DA LETRA **I** – **J** E CONTINUE ESCREVENDO-A NA LINHA.

ENCONTRE AS PALAVRAS **IVO** E **ILHA** NO TEXTO ABAIXO E PINTE-AS DE **ROSA**.

IVO

Ivo

ILHA

ilha

IVO AVISTOU UMA ILHA DESERTA.

A ILHA TEM MUITAS PALMEIRAS.

PINTE OS ESPAÇOS COM A LETRA **I** – i e *J* – *i* E DESCUBRA UMA FIGURA CUJO NOME COMEÇA COM ESSA LETRA.

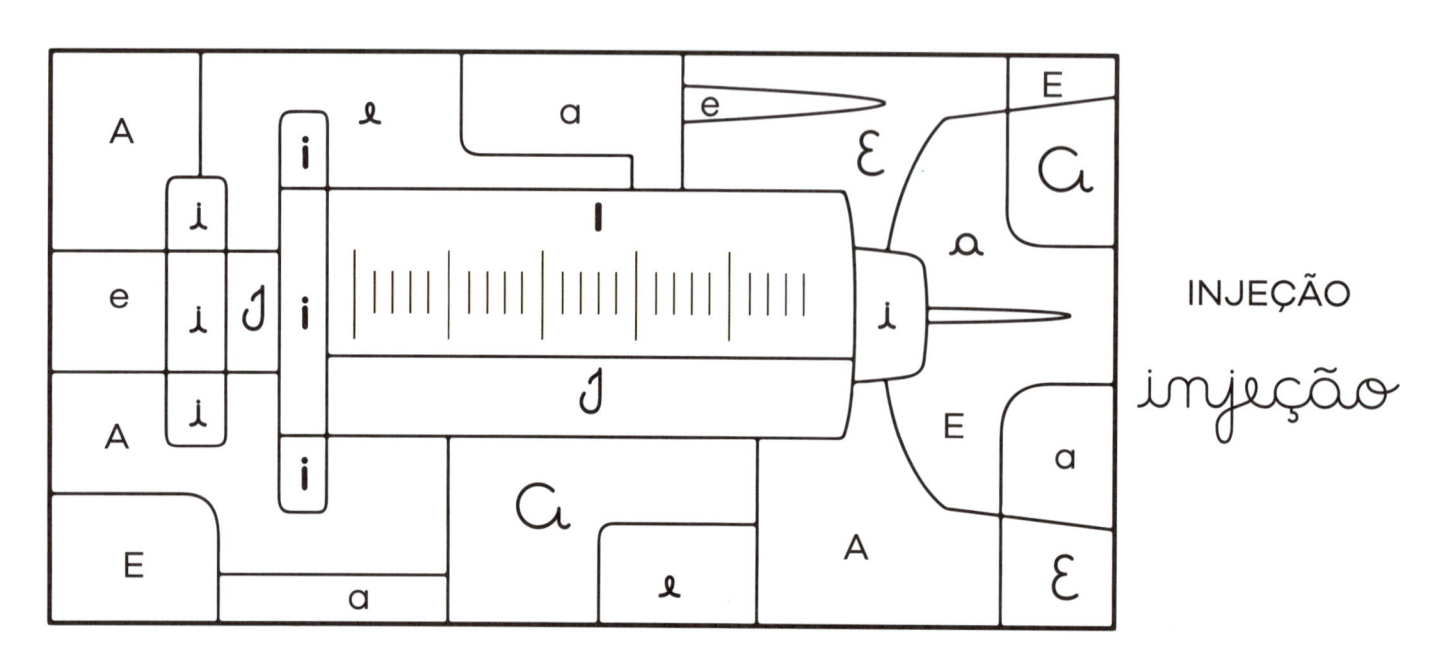

INJEÇÃO

injeção

ENCONTRE AS PALAVRAS *Ivo* E *ilha* NO TEXTO ABAIXO E CIRCULE-
-AS DE **AMARELO**.

> Ivo avistou uma ilha deserta.
> A ilha tem muitas palmeiras.

CUBRA O TRACEJADO DAS VOGAIS PARA FORMAR O NOME DAS IMAGENS ABAIXO.

Amélia

Enzo

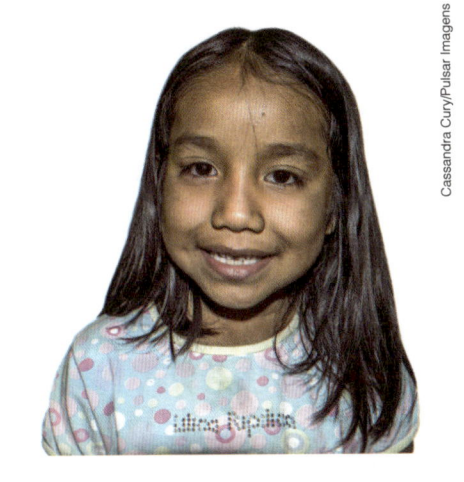

Alda

chaveiro

PINTE AS FIGURAS QUE COMEÇAM COM I – i E J – ı E FAÇA UM X NAS QUE NÃO COMEÇAM COM ESSA VOGAL.

IGREJA

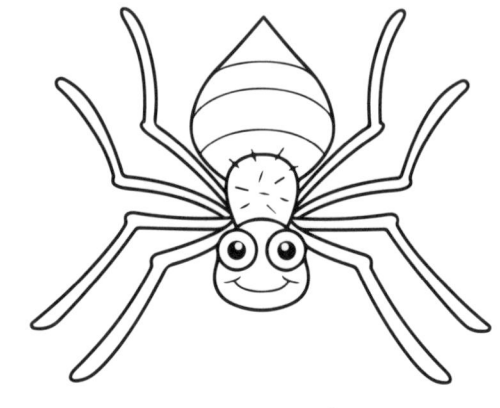

aranha

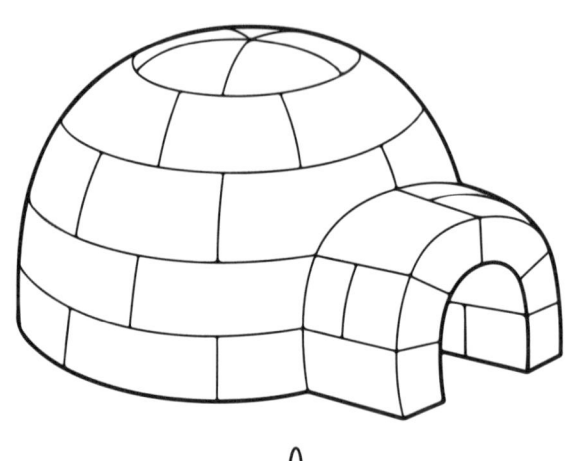

iglu

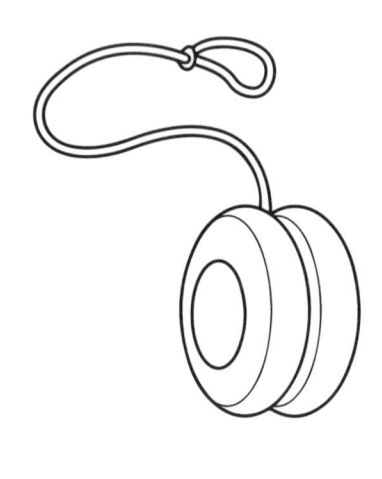

IOIÔ

Inês

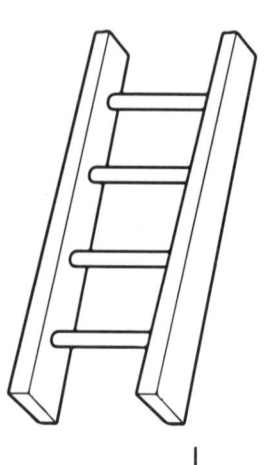

escada

UM OURIÇO-DO-MAR FOI LEVADO PELAS ONDAS ATÉ A ILHA ONDE IVO ESTAVA.

COLE PALITOS PARA FAZER OS ESPINHOS DELE.

OURIÇO-DO-MAR.

OURIÇO

ouriço

QUE TAL APRENDER PALAVRAS QUE COMEÇAM COM A VOGAL **O**?

A PALAVRA **OURIÇO** COMEÇA COM A LETRA **O**.

CUBRA O TRACEJADO DA LETRA **O** – *o* E CONTINUE ESCREVENDO-A NA LINHA.

DE ESPINHOS BEM REVESTIDO,
GOSTO DE ESTAR NO MAR.
SE ME QUISERES TOCAR,
CUIDADO! VAIS-TE ESPETAR!

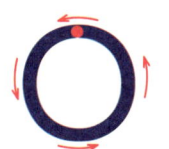

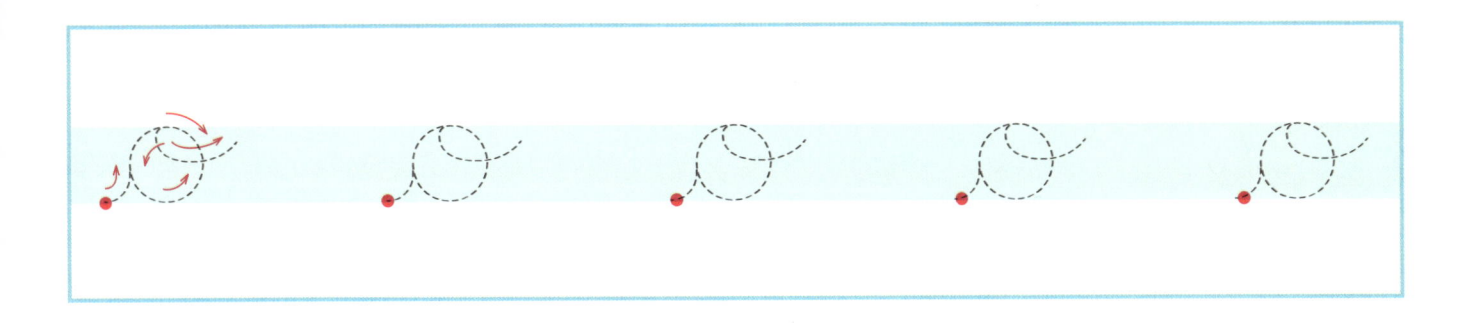

ADIVINHA.

O *o*

ouriço

ouriço

OLGA É UMA BIÓLOGA MARINHA QUE ESTUDA OURIÇOS.

O NOME DE **OLGA** TAMBÉM COMEÇA COM A LETRA O!

CUBRA O TRACEJADO DA LETRA O – O E CONTINUE ESCREVENDO-A NA LINHA.

O O

OLGA

Olga

ENCONTRE AS PALAVRAS **OLGA** E **OURIÇO** NO TEXTO ABAIXO E PINTE-AS DE **AZUL**.

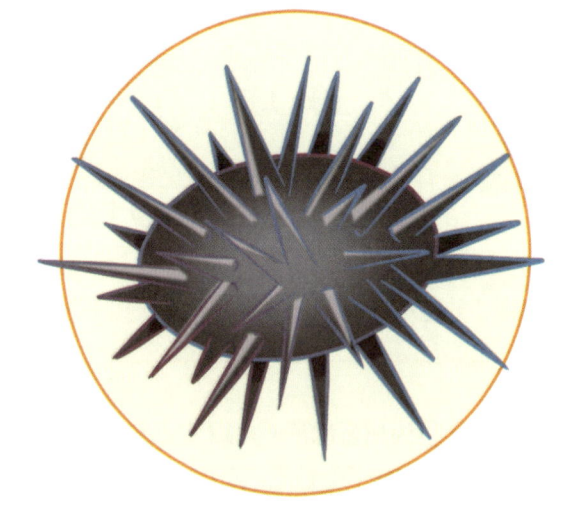

OLGA

OURIÇO

Olga

ouriço

O OURIÇO VIVE NO MAR.
OLGA AVISTOU UM OURIÇO NOS CORAIS.

COMPLETE O NOME DAS FIGURAS COM A LETRA **O** E *o*.

___V___   ___VELHA   ___SS___

___*v*___   ___*velha*   ___*ss*___

51

AGORA, ENCONTRE AS PALAVRAS *Olga* E *ouriço* NO TEXTO ABAIXO E PINTE-AS DE **MARROM**.

> O ouriço vive no mar.
> Olga avistou um ouriço nos corais.

VOCÊ CONHECE OUTRAS PALAVRAS QUE COMEÇAM COM A LETRA **O**? FAÇA UMA LISTA COM O PROFESSOR E COPIE-A OU COLE-A AQUI.

EM CADA LINHA DO QUADRO, PINTE AS FIGURAS QUE COMEÇAM COM A LETRA INDICADA.

DEPOIS DO TRABALHO, OLGA GOSTA DE TOMAR SUCO DE UVA NA QUITANDA DE ULISSES.

COM GIZ DE CERA, PINTE O CACHO DE UVAS.

O QUE É, O QUE É?

ESTÁ NA UVA, NA UVAIA,
NA URTIGA E NO UMBU.
ESTÁ NA UNHA DO URSINHO
E TAMBÉM NA URUTU.

ADIVINHA.

UVA

uva

QUE TAL APRENDER PALAVRAS QUE COMEÇAM COM A VOGAL **U**?

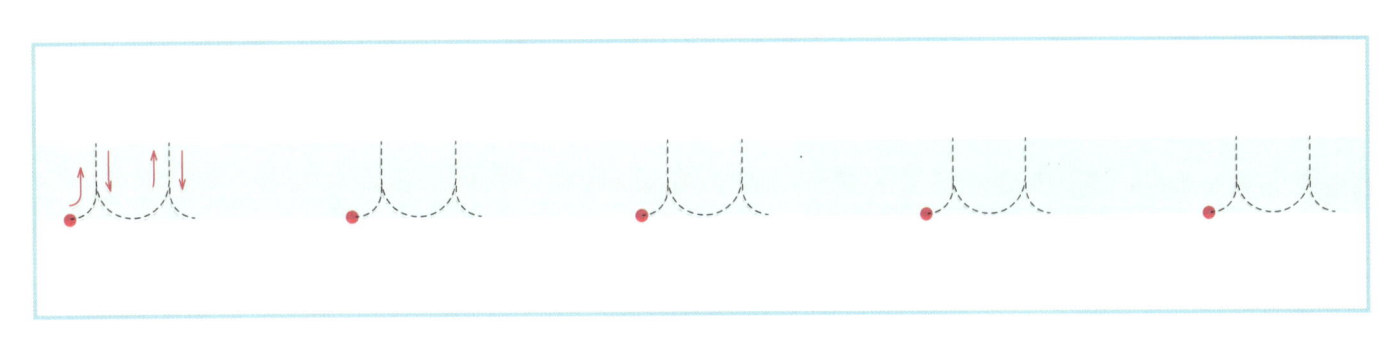

A PALAVRA **UVA** COMEÇA COM A LETRA **U**.

CUBRA O TRACEJADO DA LETRA **u** – **u** E CONTINUE ESCREVENDO-A NA LINHA ABAIXO.

> SOU VERDE,
> MAS NÃO SOU ALFACE.
> VENHO EM CACHO,
> MAS NÃO SOU BANANA.
> QUEM SOU EU?
>
> ADIVINHA.

u u

uva

uuva

O NOME DE **ULISSES** TAMBÉM COMEÇA COM A LETRA **U**!
CUBRA O TRACEJADO DA LETRA **U** – **u** E CONTINUE ESCREVENDO-A NA LINHA.

U u

ULISSES

Ulisses

ENCONTRE AS PALAVRAS **ULISSES** E **UVA** NO TEXTO ABAIXO E CIRCULE-AS DE **VERDE**.

ULISSES

UVA

Ulisses

uva

NA QUITANDA DE ULISSES HÁ DOIS TIPOS DE UVAS: VERDE E ROXA. A UVA É A FRUTA PREFERIDA DE OLGA.

EM CADA SEQUÊNCIA, COMPLETE COM AS VOGAIS QUE FALTAM.

| A | | I | | U |

| | E | | O | |

| *a* | *e* | | | |

| | | *i* | *o* | *u* |

ENCONTRE AS PALAVRAS *Ulisses* E *uva* NO TEXTO E CIRCULE-AS DE **VERMELHO**.

> Na quitanda de Ulisses há dois tipos de uva: verde e roxa.
>
> A uva é a fruta preferida de Olga.

PESQUISE EM JORNAIS E REVISTAS PALAVRAS QUE COMECEM COM A LETRA **U**, RECORTE-AS E COLE-AS ABAIXO.

ESCREVA A VOGAL INICIAL DO NOME DE CADA FIGURA.

VOCÊ SE LEMBRA DAS VOGAIS QUE ESTUDAMOS?

PINTE AS IMAGENS DE ACORDO COM A LEGENDA ABAIXO CONSIDERANDO A PRIMEIRA LETRA DO NOME DELAS.

A – AZUL   E – VERMELHO   I – AMARELO   O – VERDE   U – LARANJA

UVA

uva

ESTRELA

estrela

OURIÇO

ouriço

ILHA

ilha

ATUM

atum

COMPLETE AS PALAVRAS COM AS VOGAIS a, e, i, o OU u.

ALGA

_lg_

UNHA

_nh_

PEIXE

p_ _x_

URSO

_rs_

ANJO

_nj_

IOGURTE

_g_rt_

LIVRO

l_vr_

CONCHA

c_nch_

PINTE AS BOLHAS DE SABÃO DE ACORDO COM A LEGENDA.

A a E e I i O o U u

BRINCANDO COM CANTIGA

CANTE A CANTIGA. O QUE ACONTECEU COM TEREZINHA? CUBRA O TRACEJADO E PINTE A CENA.

TEREZINHA DE JESUS

TEREZINHA DE JESUS
DE UMA QUEDA FOI AO CHÃO.
LHE ACUDIRAM TRÊS CAVALHEIROS
TODOS TRÊS, CHAPÉU NA MÃO.

O PRIMEIRO FOI SEU PAI.
O SEGUNDO, SEU IRMÃO.
O TERCEIRO FOI AQUELE
QUE A TEREZA DEU A MÃO.

TEREZINHA LEVANTOU-SE,
LEVANTOU-SE LÁ DO CHÃO.
E, SORRINDO, DISSE AO NOIVO:
EU TE DOU MEU CORAÇÃO.

DA LARANJA, QUERO UM GOMO.
DO LIMÃO, QUERO UM PEDAÇO.
DA MENINA MAIS BONITA,
QUERO UM BEIJO E UM ABRAÇO.

CANTIGA.

QUEM FOI O PRIMEIRO A ACUDIR TEREZINHA DEPOIS DA QUEDA? CUBRA O TRACEJADO DA PALAVRA E RESPONDA.

pai

CIRCULE AS PALAVRAS QUE TENHAM **AI**.

| GAITA | RAIVA | MARCOS | LAILA |
| BAILE | CASA | JAIME | ELAINE |

CUBRA O TRACEJADO E CONTINUE ESCREVENDO *ai* NA LINHA ABAIXO.

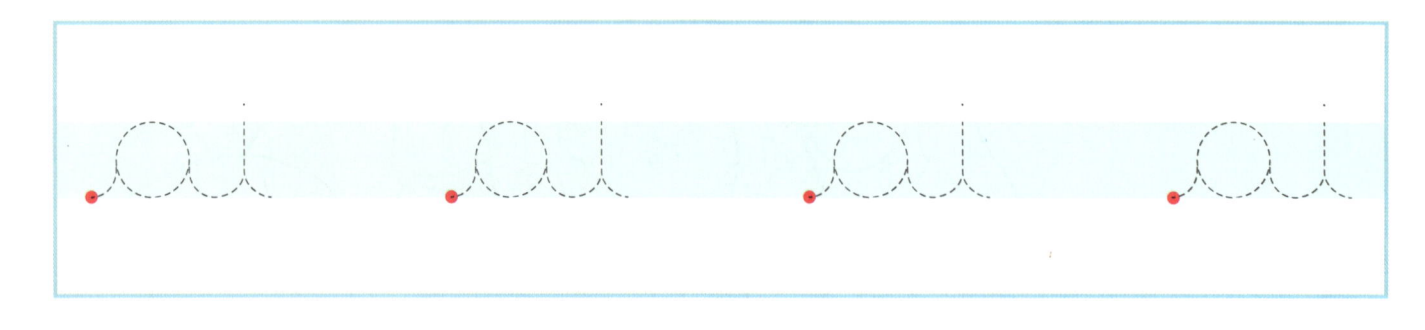

QUE OUTRA PALAVRA TEREZINHA PODERIA TER DITO QUANDO CAIU? CIRCULE-A E COPIE NO BALÃO DE FALA.

Ui
Oi

PINTE DE LARANJA O ENCONTRO VOCÁLICO *ui*.

Fui ao mato cortar lenha.
O capim cortou meu pé.
Amarrei com fita verde
Cabelinho de José.

PARLENDA.

CUBRA O TRACEJADO E CONTINUE ESCREVENDO *ui* NA LINHA ABAIXO.

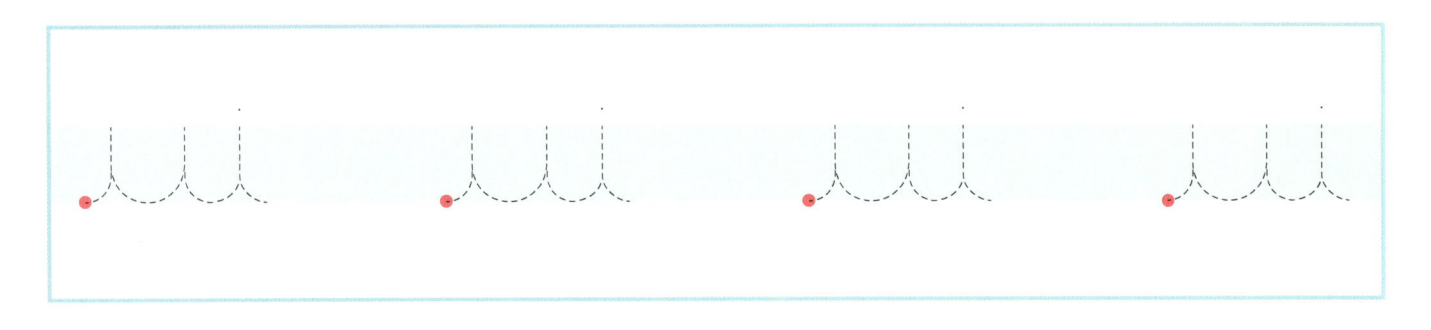

COMO TEREZINHA CUMPRIMENTA OS CAVALHEIROS?
CUBRA O TRACEJADO PARA DESCOBRIR.

Oi

PINTE DE AMARELO O ENCONTRO VOCÁLICO *oi*.

— Cadê o toicinho que estava aqui?
— O gato comeu.
— Cadê o gato?
— Foi pro mato.

— Cadê o mato?
— O fogo queimou.
— Cadê o fogo?
— A água apagou.

PARLENDA.

CUBRA O TRACEJADO E CONTINUE ESCREVENDO *oi* NA LINHA ABAIXO.

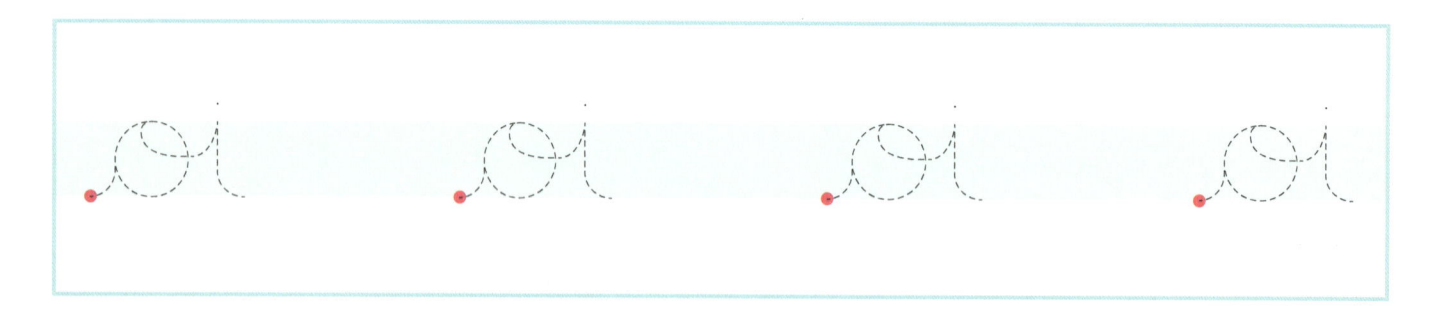

O IRMÃO DE TEREZINHA SABE TOCAR FLAUTA.
CANTE A CANTIGA E PINTE DE **AZUL** A PALAVRA *flauta*.

Bartolo tinha uma flauta
Bartolo tinha uma flauta
A flauta do seu Bartolo
Sua mãe dizia sempre
Toca a flauta, seu Bartolo.

CANTIGA.

CUBRA O TRACEJADO E CONTINUE ESCREVENDO *au* NA LINHA ABAIXO.

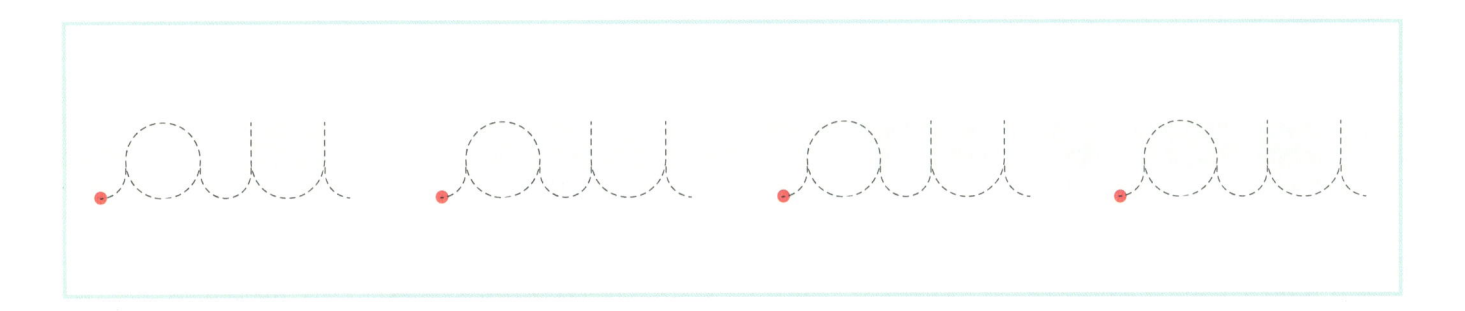

COMPLETE AS PALAVRAS COM *au*.

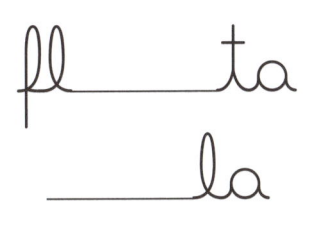

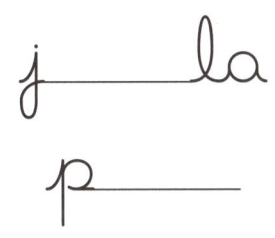

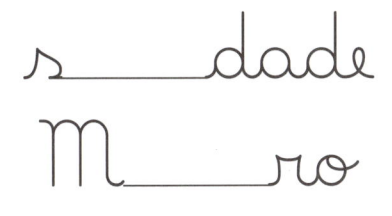

fl__ta   j__la   s__dade
__la   p__   M__ro

OUÇA A QUADRINHA E PINTE-A DE ACORDO COM A LEGENDA.

🟩 A   🟥 O   🟧 Ao

Ao pé da letra digo A
Ao pé do ouvido digo O
Ao longe ouço o zumbido
Da flauta do seu Bartô.

QUADRINHA.

LIGUE OS ENCONTROS VOCÁLICOS E CUBRA O TRACEJADO.

| A + o | ao |
| a + o | Ao |

CUBRA O TRACEJADO E CONTINUE ESCREVENDO ao NA LINHA ABAIXO.

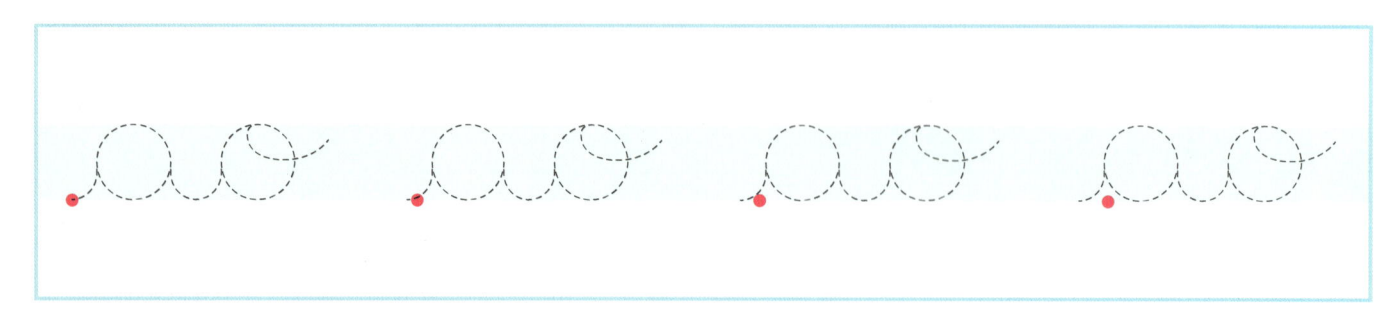

TEREZINHA DEU A MÃO AO TERCEIRO CAVALHEIRO. COMO ELES SE CUMPRIMENTARAM?

CANTE A CANÇÃO E PINTE-A DE ACORDO COM A LEGENDA.

🟥 ai   🟩 ou

Legal, legal, legal
Olá, como vai?
Olá, como vai?
Eu vou bem
Eu vou bem
E você vai bem também!
Legal, legal, legal, legal, legal, legal, legal!

CD BRINQUEDO: RODAS, BRINQUEDOS CANTADOS E DANÇAS FOLCLÓRICAS (2000/2010/2015) DE AUTORIA DO PROF. EDINHO PARAGUASSU.

CUBRA O TRACEJADO E CONTINUE ESCREVENDO ou NA LINHA ABAIXO.

O QUE TEREZINHA E O NOIVO DISSERAM QUANDO SE CONHECERAM? CUBRA O TRACEJADO E DESCUBRA.

Eu sou Terezinha.

Meu nome é João.

CUBRA O TRACEJADO E CONTINUE ESCREVENDO eu NA LINHA ABAIXO.

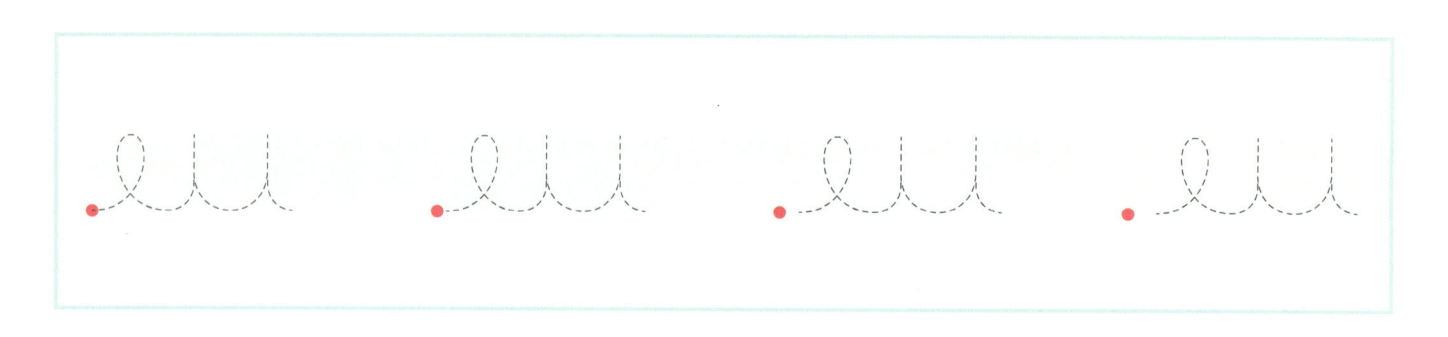

COMPLETE AS PALAVRAS COM eu

mus_____   l_____   pn_____

com_____   N_____sa   Rom_____

O QUE OS TRÊS CAVALHEIROS TINHAM NA MÃO?

COMPLETE COM *éu* PARA ENCONTRAR A RESPOSTA DA ADIVINHA.

O que é, o que é?
Fica cheio de boca para baixo
e vazio de boca para cima?

ADIVINHA.

chap´___

COMPLETE AS PALAVRAS COM *éu*.

c___   v___   *trof*___

CUBRA O TRACEJADO E CONTINUE ESCREVENDO *éu* NA LINHA ABAIXO.

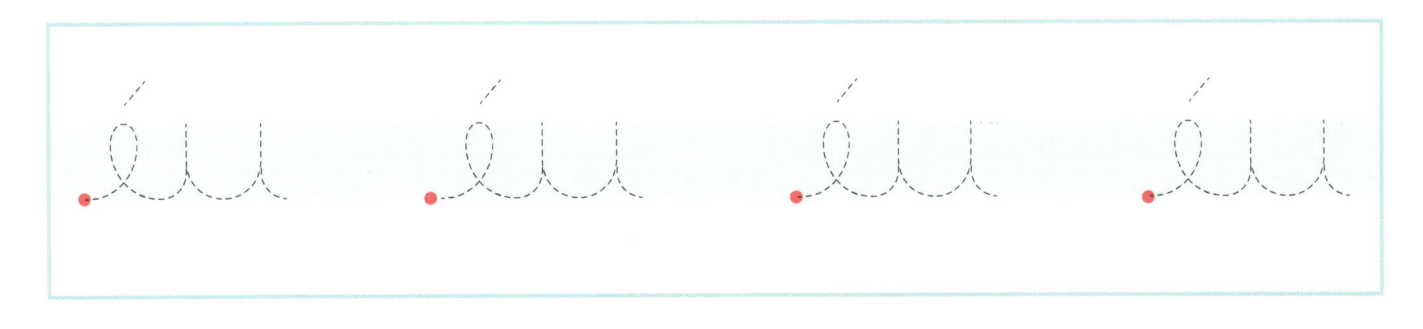

BRINCANDO COM ARTE

VAMOS FAZER UM CHAPÉU DE TRÊS PONTAS?

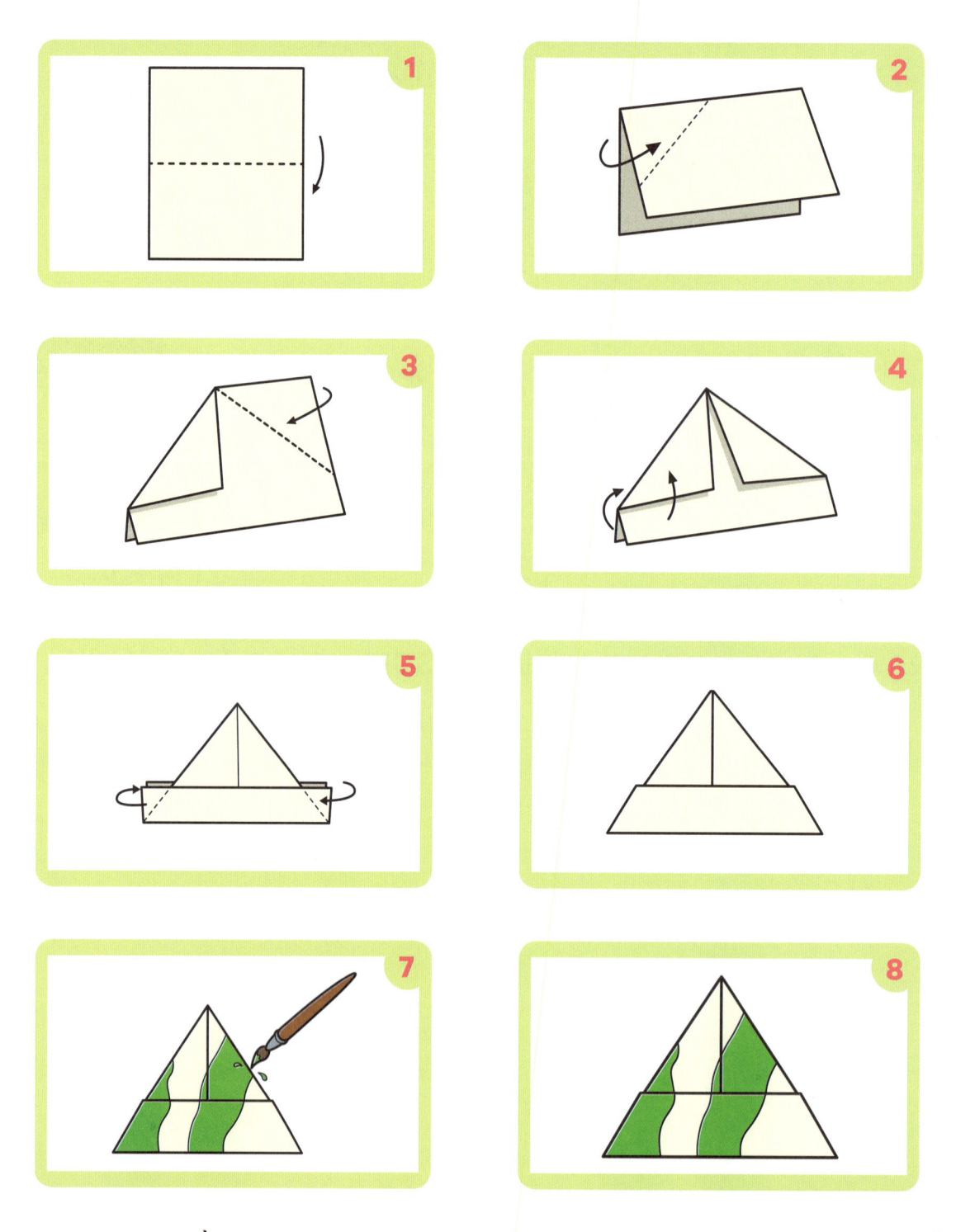

EM UMA FOLHA À PARTE, COLE UMA FOTO SUA USANDO O CHAPÉU.

DE QUAL FRUTA TEREZINHA QUERIA UM PEDAÇO?
PINTE DE **VERDE** O NOME DA ÁRVORE.

Abaixa-te, limoeiro,
Deixa eu tirar um limão
Para limpar uma nódoa
Que trago no coração.

PARLENDA.

CUBRA O TRACEJADO E CONTINUE ESCREVENDO *li* NA LINHA.

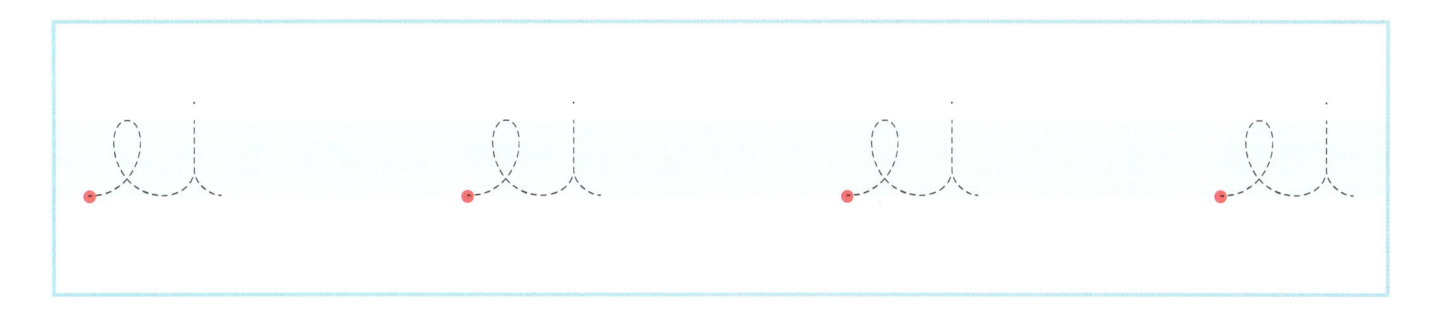

COMPLETE O NOME DA ÁRVORE COM *li* DEPOIS, DESTAQUE A IMAGEM DESSA ÁRVORE NA PÁGINA 149 E COLE-A NO QUADRO.

limo____ro

VEJA QUANTAS FRUTAS TEREZINHA ENCONTROU!

COMPLETE COM *ei* O NOME DAS ÁRVORES. DEPOIS, DESTAQUE AS FRUTAS DA PÁGINA 149 E COLE-AS NOS QUADROS CORRESPONDENTES.

limo___ro   laranj___ra   umbuz___ro

mangab___ra   per___ra   mangu___ra

tomat___ro   figu___ra   açaiz___ro

PINTE A FRUTA QUE TEM ão NO NOME.

limão    laranja

CUBRA O TRACEJADO E CONTINUE ESCREVENDO ão NA LINHA ABAIXO.

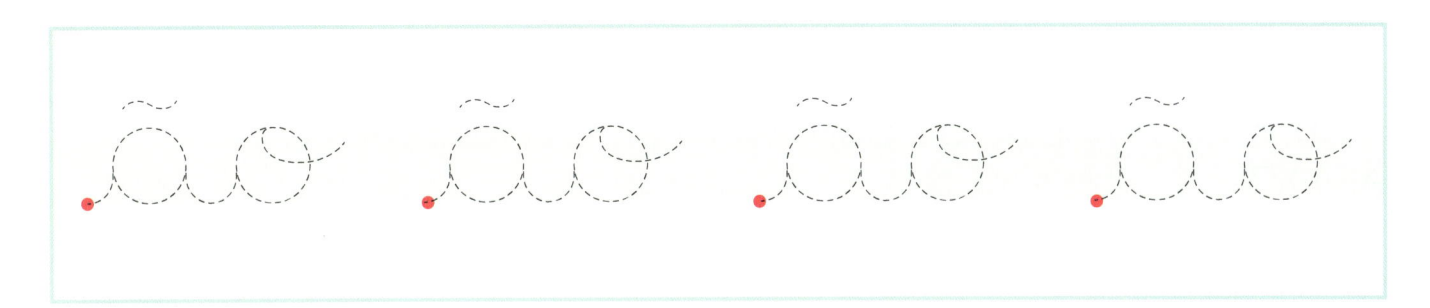

COMPLETE COM ão.

Um lim____ com um mel____
Vale mais que mil limões
Mil limões com um mel____
Vale um milh____ de limões.

ROSINHA. **ABC DO TRAVA-LÍNGUA.**
SÃO PAULO: EDITORA DO BRASIL, 2012. P. 26.

TEREZINHA E O NOIVO FORAM PASSEAR E VIRAM UM LINDO RIO. ENCONTRE A PALAVRA *rio* NA CANTIGA E PINTE-A DE **ROXO**.

Casinha
Era uma casinha bem fechada
Abre a janelinha e deixa o Sol entrar
Perto da casa tem uma árvore
E os passarinhos pousam nela assim
Perto da árvore tem uma ponte
E por baixo dela corre um rio assim
[...]

CANTIGA.

CUBRA O TRACEJADO E CONTINUE ESCREVENDO *io* NA LINHA ABAIXO.

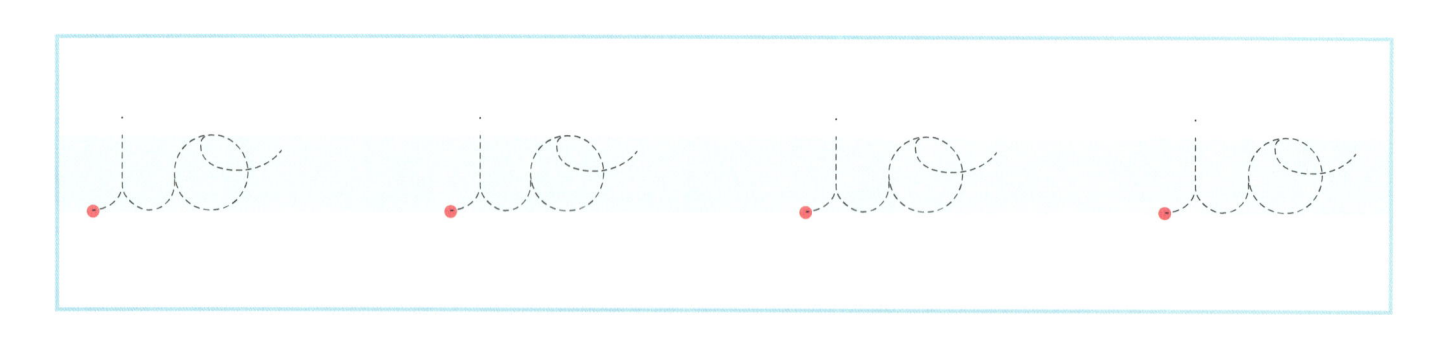

COMPLETE AS PALAVRAS COM *io*.

ra___   assob___   t___

mac___   ___gurte   fr___

TEREZINHA E O NOIVO ENCONTRARAM UM COELHO.

COMPLETE O TEXTO COM *ou* E CIRCULE AS LETRAS DE ACORDO COM A LEGENDA.

🟨 ai   🟫 ei   🟪 eu

S___ grande...
E pequeno.
S___ alto?
S___ baixo?
Agitado ___ calminho?
O jeito que eu s___ às vezes varia.

BIA VILELA. DE QUE JEITO SOU EU?
SÃO PAULO: EDITORA DO BRASIL, 2017. P. 11, 13, 15, 17 E 19.

PINTE AS VOGAIS QUE FORMAM OS ENCONTROS VOCÁLICOS EM DESTAQUE.

ou	o	i	u
ai	o	a	i
ei	e	u	i
eu	a	e	u

DURANTE O PASSEIO, COMEÇOU A GAROAR.
CUBRA O TRACEJADO NOS BALÕES DE FALA.

Está garoando! Cubra o guarda-chuva.

Boa ideia!

CUBRA O TRACEJADO E CONTINUE ESCREVENDO *oa* NA LINHA ABAIXO.

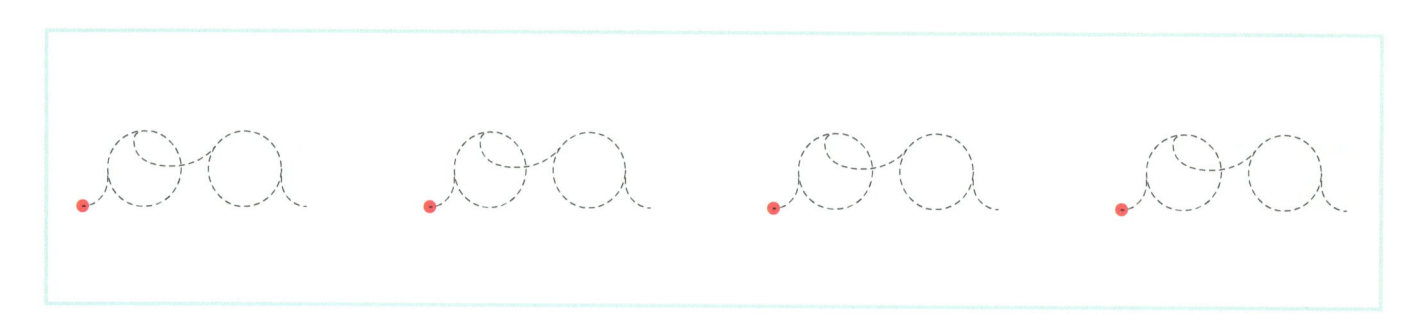

COMPLETE AS PALAVRAS COM *oa*.

cor___   lag___   pess___   le___

O CASAL ABRIGOU-SE DA GAROA NA CASA DA TIA.
CIRCULE DE **VERMELHO** O ENCONTRO VOCÁLICO ia.

Meio-dia
Na casa da tia
Comendo biscoito
Em cima da pia.

QUADRINHA.

CUBRA O TRACEJADO E CONTINUE ESCREVENDO ia NA LINHA ABAIXO.

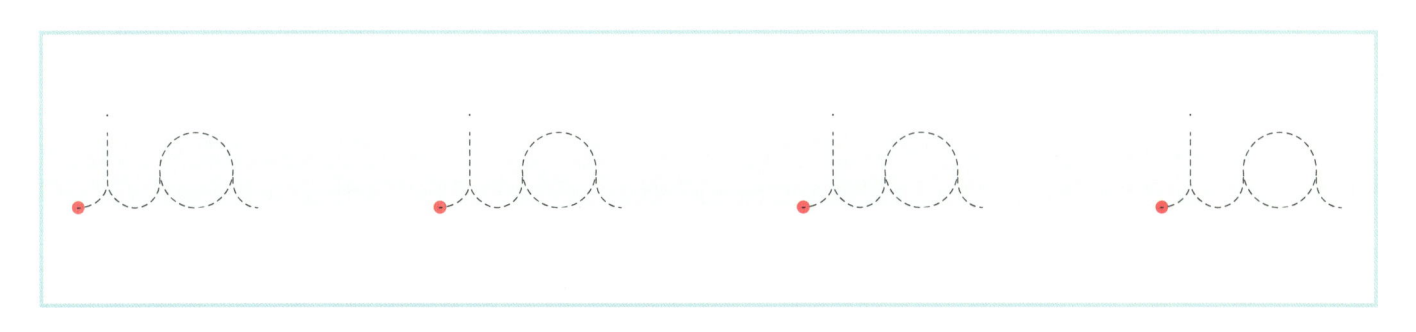

ia ia ia ia

ia

COMPLETE AS PALAVRAS COM ia - ia

d___   p___   bac___
t___   Mar___   ___ra

APÓS A CHUVA, APARECEU A LUA!

CIRCULE NO TEXTO A PALAVRA *Lua* DEPOIS, PINTE A LUA DE **AMARELO**.

A Lua vem saindo
Redonda como um botão
Calçando meia de seda
Sapatinho de algodão.

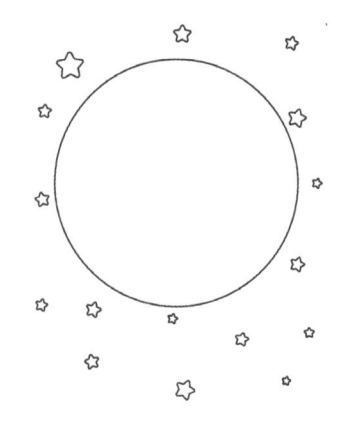

CANTIGA FOLCLÓRICA.

CUBRA O TRACEJADO E CONTINUE ESCREVENDO *ua* NA LINHA.

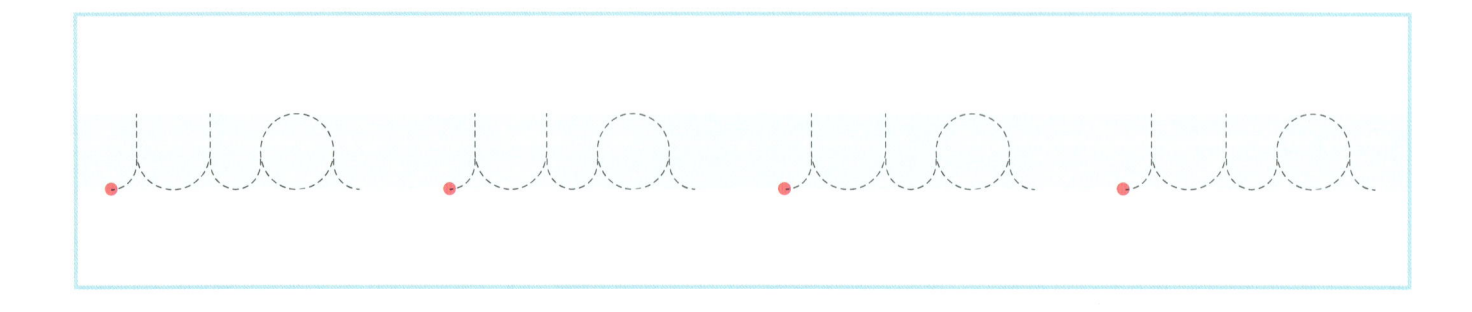

COMPLETE AS PALAVRAS COM *ua*

r___   ég___   g___raná

PARA QUEM TEREZINHA ENTREGOU SEU CORAÇÃO?

RECITE A PARLENDA E SUBLINHE DE **ROXO** AS PALAVRAS DITADAS PELO PROFESSOR.

Rei, capitão,
Soldado, ladrão,
Moça bonita
Do meu coração.

PARLENDA.

PINTE AS VOGAIS DE ACORDO COM A LEGENDA E DEPOIS ESCREVA ALGUNS DOS ENCONTROS DE VOGAIS QUE VOCÊ APRENDEU.

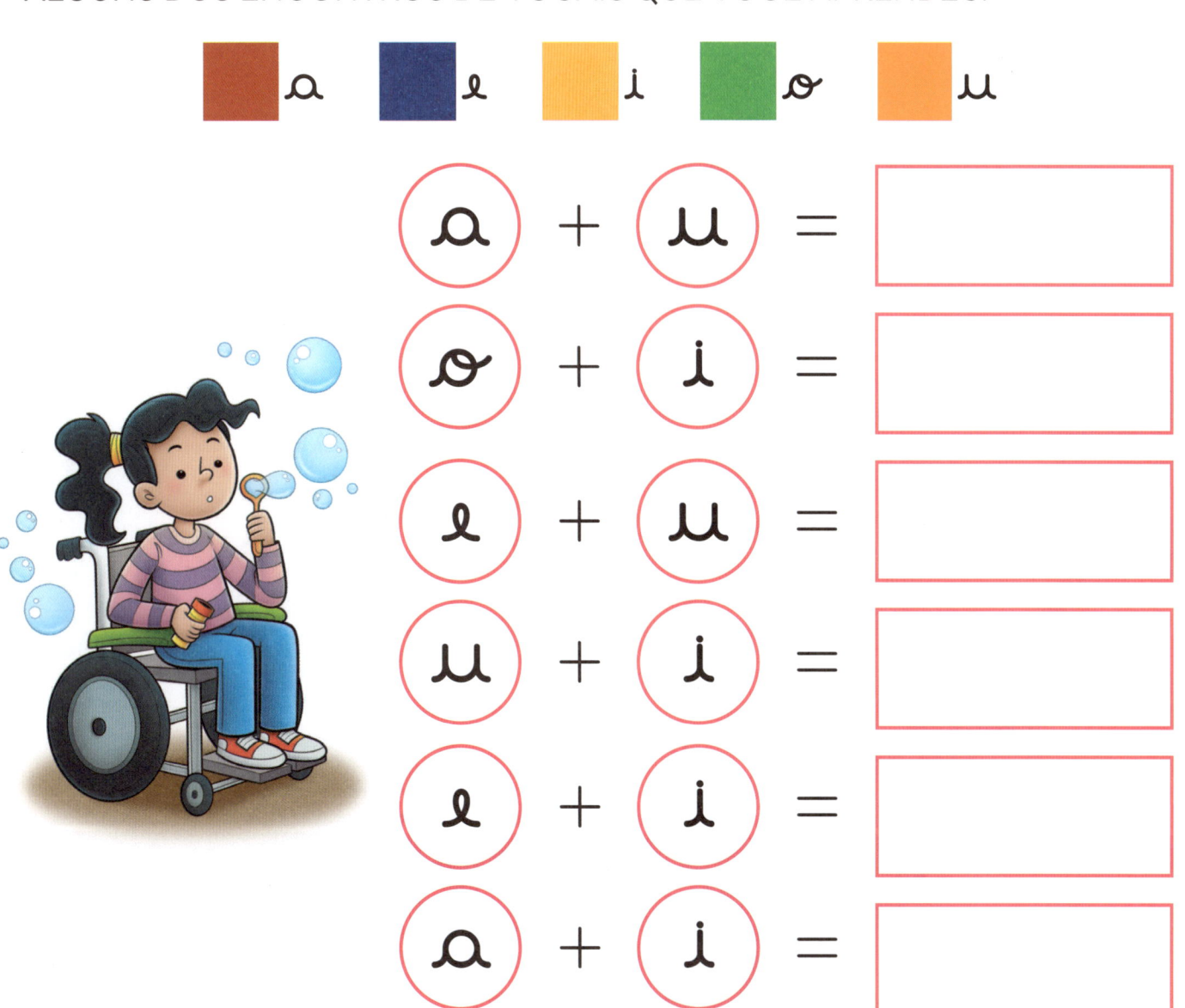

a e i o u

a + u =

o + i =

e + u =

u + i =

e + i =

a + i =

BRINCANDO COM POEMA

HUM, QUE CHEIRINHO BOM! VOCÊ GOSTA DE SOPA? PINTE AS VOGAIS DA SOPA DE LETRAS.

TEMPEROS

HOJE O VERSO É PERFUMADO
E AGUÇA O PALADAR,
POIS NO MUNDO DOS TEMPEROS
MINHAS RIMAS VÃO ENTRAR.

ENTÃO VAMOS REFOGAR
TODAS NOSSAS POESIAS
NA PANELA DOS AROMAS,
ERVAS E ESPECIARIAS.

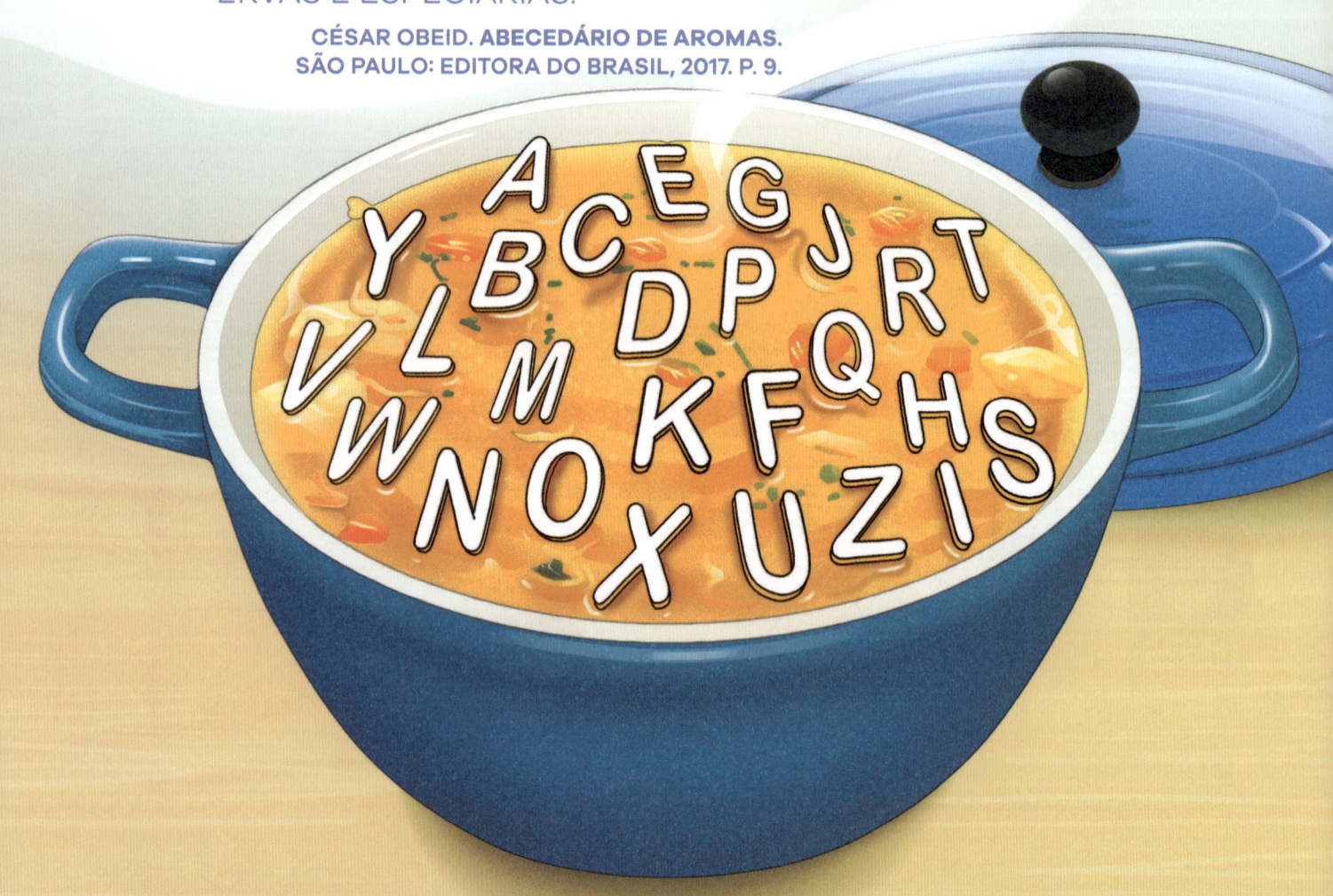

CÉSAR OBEID. **ABECEDÁRIO DE AROMAS.**
SÃO PAULO: EDITORA DO BRASIL, 2017. P. 9.

ESCREVA SEU NOME.

_____

CIRCULE AS LETRAS QUE APARECEM EM SEU NOME.

A B C D E
F G H I J K
L M N O P
Q R S T U
V W X Y Z

VOCÊ CONHECE O AÇAÍ? É UMA FRUTA SABOROSA, TÍPICA DO NORTE DO BRASIL.

OUÇA O POEMA E PINTE DE **ROXO** A LETRA **A**.

AÇAÍ

AÇAÍ NASCE VERDINHO,
MAS DEPOIS BEM ROXO FICA
O REDONDO AÇAÍ
DEIXA A VIDA BEM MAIS RICA!

CÉSAR OBEID. **CORES DA AMAZÔNIA.**
SÃO PAULO: EDITORA DO BRASIL, 2015. P. 14.

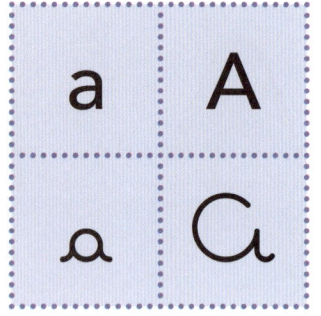

a	A
a	a

AÇAÍ

açaí

CUBRA O TRACEJADO E CONTINUE ESCREVENDO A LETRA a - a

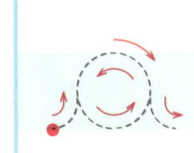

OUÇA A ADIVINHA. DEPOIS, PINTE APENAS OS ESPAÇOS COM PONTINHOS DO DESENHO E DESCUBRA QUAL É A FRUTA.

O QUE É, O QUE É?

VESTIDA DE AMARELO,
NO CACHO ME CRIEI
E ATÉ O MACACO ENCANTEI.
QUEM SOU EU?

ADIVINHA.

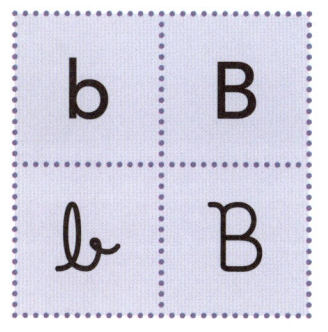

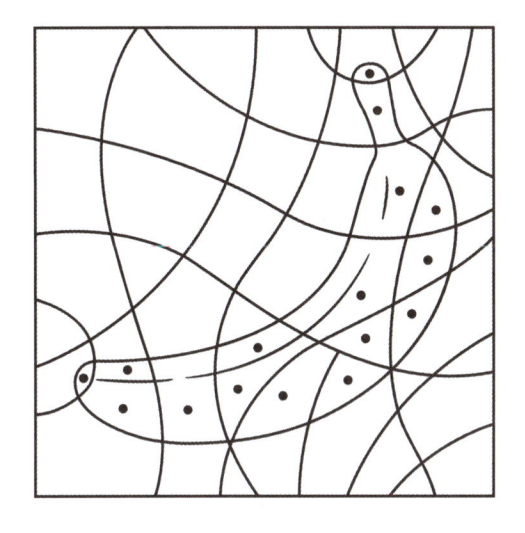

b	B
b	B

BANANA

banana

CUBRA O TRACEJADO E CONTINUE ESCREVENDO A LETRA B - b.

COMPLETE AS PALAVRAS ABAIXO COM A LETRA a.

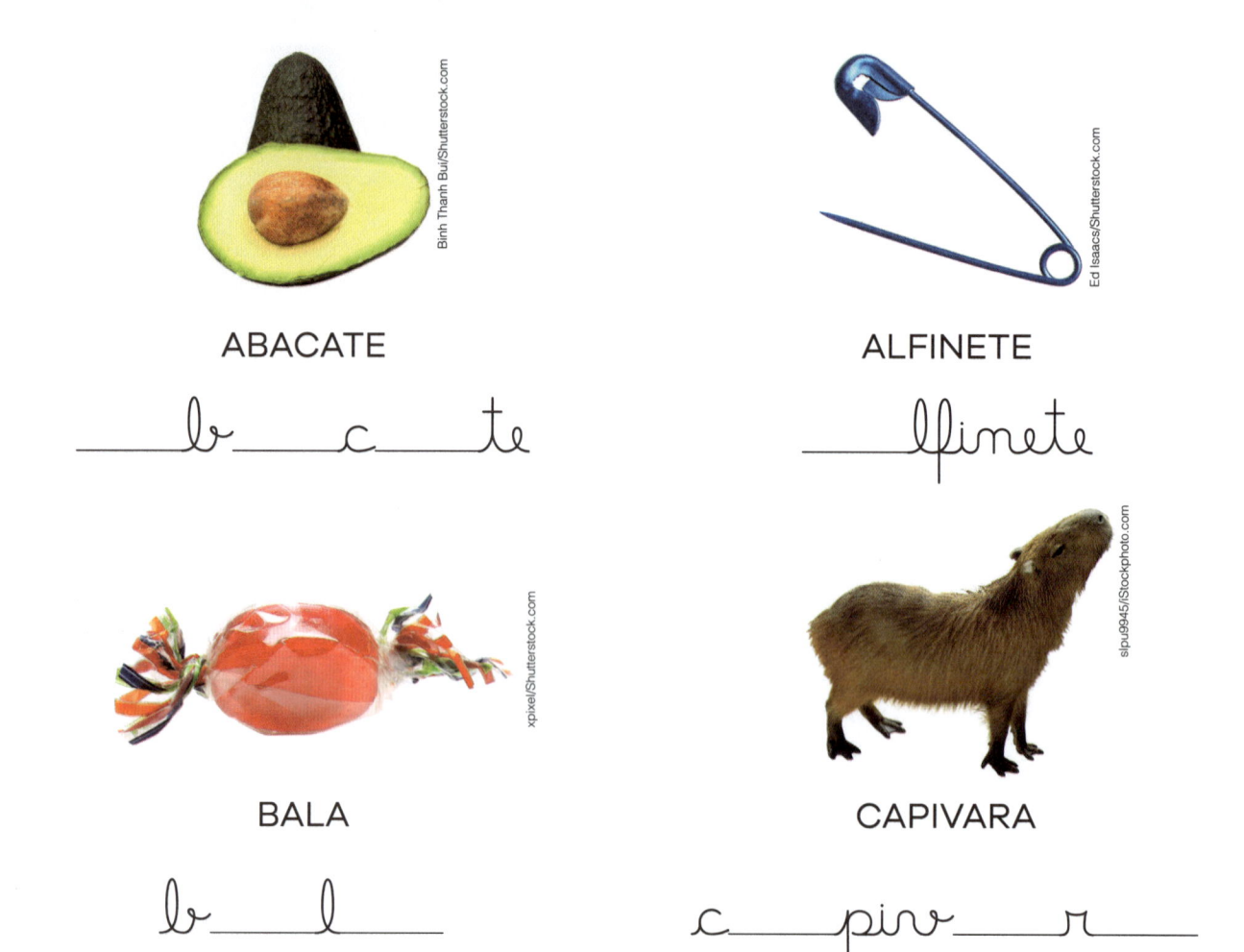

ABACATE

_a_b_a_c_a_te

ALFINETE

_a_lfinete

BALA

b_a_l_a_

CAPIVARA

c_a_piv_a_r_a_

PINTE APENAS O QUE COMEÇA COM A LETRA **B** – b.

BOLA

bola

BARCO

barco

ÁRVORE

árvore

BORBOLETA

borboleta

COCO É UMA DELÍCIA! É USADO NO PREPARO DE DOCES E OUTRAS COMIDAS.

PINTE DE **AMARELO** A LETRA **C** NO TEXTO ABAIXO.

BALA DE COCO

A BALA DE COCO,
DE COCO RALADO,
CAIU NO MELADO.

MARIA HILDA DE JESUS ALÃO. **LIVRO DAS PARLENDAS.** SANTOS: CLUBE DE AUTORES, 2010. P. 38. E-BOOK.

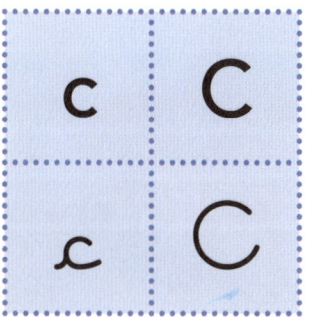

| c | C |
| c | C |

COCO

coco

CUBRA O TRACEJADO E CONTINUE ESCREVENDO A LETRA C - c.

VOCÊ JÁ COMEU DAMASCO? ELE TAMBÉM É USADO EM DIVERSAS RECEITAS.

LIGUE AS FIGURAS AO NOME DELAS.

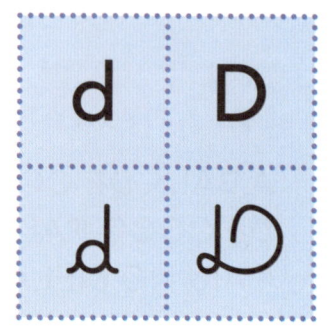

d	D
d	*d*

DAMASCO

damasco

DOCE DE DAMASCO

doce de damasco

CUBRA O TRACEJADO E CONTINUE ESCREVENDO A LETRA *D - d*

COMPLETE COM A LETRA d. DEPOIS, PINTE DE **VERDE** A LETRA c.

O ___oce perguntou pro ___oce:
Qual é o ___oce mais ___oce?
O ___oce respondeu pro ___oce
Que o ___oce mais ___oce
É o ___oce de batata-___oce.

TRAVA-LÍNGUA.

COMPLETE AS PALAVRAS COM c OU d E LIGUE-AS ÀS IMAGENS.

___asa

___a___o

___avalo

___ominó

A ERVILHA É UM ALIMENTO QUE SE PARECE COM UMA BOLINHA REDONDA E VERDINHA!

e	E
ℓ	Ɛ

ERVILHA

ervilha

CIRCULE A LETRA **E** e ℓ NAS PALAVRAS ABAIXO.

ESCAROLA   GELATINA   FEIJÃO

escarola   *gelatina*   *feijão*

CUBRA O TRACEJADO E CONTINUE ESCREVENDO A LETRA Ɛ - ℓ

O FEIJÃO É RICO EM FERRO E VITAMINAS!
PINTE A IMAGEM COM A COR DO TIPO DE SEU FEIJÃO FAVORITO.

f	F
ƒ	Ƒ

FEIJÃO

feijão

CUBRA O TRACEJADO E CONTINUE ESCREVENDO A LETRA Ƒ - ƒ

DESTAQUE AS FIGURAS DA PÁGINA 151 E COLE-AS ABAIXO, DE ACORDO COM A PRIMEIRA LETRA DO NOME DELAS.

PALAVRAS COM **E**

PALAVRAS COM **F**

QUE TAL UM GELO PARA REFRESCAR? PINTE A LETRA **G** NO TRAVA-
-LÍNGUA.

EU CONGELO A ÁGUA GELADA
COM GELO QUE TEM SELO
À PROVA D'ÁGUA.

TRAVA-LÍNGUA.

g	G
g	G

GELO

gelo

CUBRA O TRACEJADO E CONTINUE ESCREVENDO A LETRA G – g.

BRINCANDO COM ARTE

VAMOS FAZER UMA PINTURA GELADA?

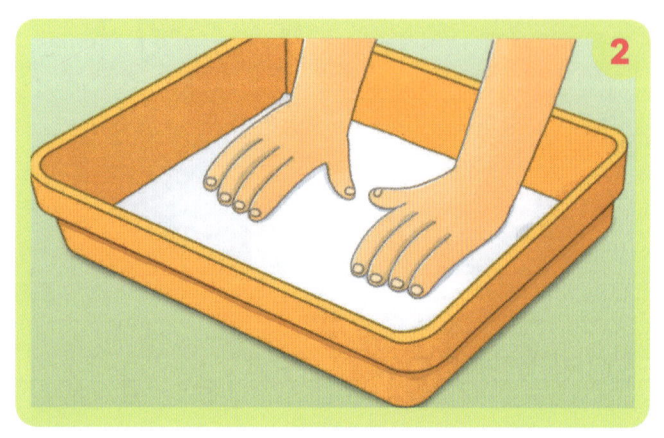

FAÇA UM DESENHO DE COMO FICOU SUA PINTURA GELADA.

A HORTELÃ É UMA PLANTA REFRESCANTE E CHEIROSA!
CIRCULE A LETRA **H** NO TEXTO ABAIXO.

DESTA ERVA COM **H**
EU CONFESSO QUE SOU FÃ:
FAÇO CHÁ, FAÇO PATÊ,
MAS QUE ENCANTO É HORTELÃ.

CÉSAR OBEID. **ABECEDÁRIO DE AROMAS.**
SÃO PAULO: EDITORA DO BRASIL, 2017. P. 24.

h	H
h	*H*

HORTELÃ

hortelã

CUBRA O TRACEJADO E CONTINUE ESCREVENDO A LETRA *H - h*

COMPLETE AS PALAVRAS COM g OU h E LIGUE-AS ÀS IMAGENS.

____ato

____iena

____omem

____alinha

PINTE OS QUADROS EM QUE HÁ PALAVRAS COM A LETRA H, $\mathcal{H}$ e h.

banana	Helena	FOCA
HÉLIO	HIPOPÓTAMO	hospital
Heitor	HELICÓPTERO	gota

O IOGURTE É DERIVADO DO LEITE. VOCÊ GOSTA DE IOGURTE? PINTE A IMAGEM COM A COR DE SEU SABOR PREFERIDO DE IOGURTE.

DEPOIS, PINTE A LETRA I NA PARLENDA.

E DONA TIANA APRESSADA, [...]
COM GRANDE BALDE NA MÃO
ORDENHAVA A MALHADA
PRA SERVIR LEITE PURINHO [...].

MÁRCIA GLÓRIA RODRIGUEZ DOMINGUEZ. A FAZENDA BEM-TE-VI. SÃO PAULO: EDITORA DO BRASIL, 2008. P. 8-9.

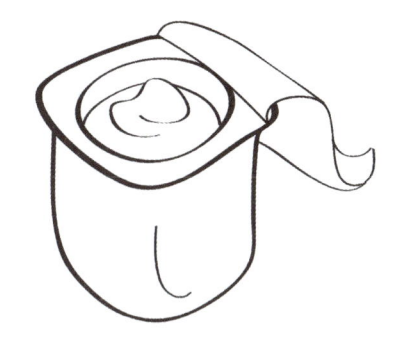

i	I
i	J

IOGURTE

iogurte

COMPLETE COM A LETRA i

___ogurte   le___te   t___gela

CUBRA O TRACEJADO E CONTINUE ESCREVENDO A LETRA J - i

JACA É UMA DELÍCIA!

CIRCULE A LETRA **J** NO TEXTO ABAIXO.

QUER JACA? JÁ PARA A JAQUEIRA!
QUER JILÓ? JÁ PARA O JILOEIRO!
QUER JAMBO? JÁ PARA O JAMBEIRO!
QUER JENIPAPO? JÁ PARA O JENIPAPEIRO!
QUER JABUTICABA? JÁ PARA A JABUTICABEIRA!

JONAS RIBEIRO. ALFABÉTICO – ALMANAQUE DO ALFABETO POÉTICO. SÃO PAULO: EDITORA DO BRASIL, 2016. P. 36.

j	J
j	*J*

JACA

jaca

CUBRA O TRACEJADO E CONTINUE ESCREVENDO A LETRA *J - j*

COMPLETE AS PALAVRAS COM **J** ou **j**

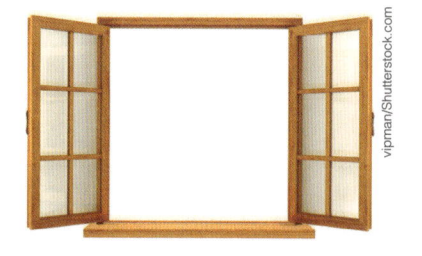

_____abuti

_____anela

_____OGO

_____OIA

PINTE DE **AZUL** A LETRA *i* – **I** E, DE **VERMELHO**, A LETRA *e* – **E**.

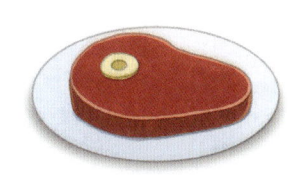

MENINA **BIFE** **PRÍNCIPE**

menina bife príncipe

COMPLETE O TRAVA-LÍNGUA COM **J** ou **j**

O ca____u do ____uca.
O ca____á do Cacá.
A ____aca da ____uju.

TRAVA-LÍNGUA.

PINTE A FIGURA DE ACORDO COM A LEGENDA E DESCUBRA UMA FRUTA QUE COMEÇA COM **K**.

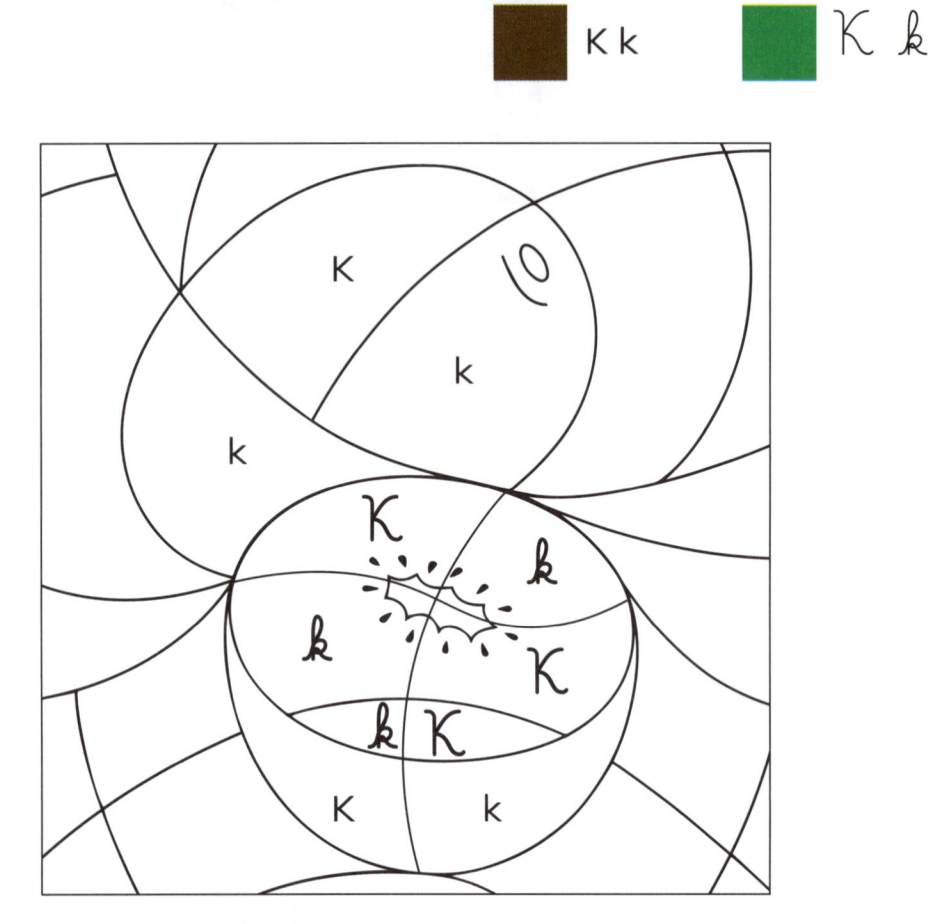

■ K k   ■ K k

k	K
k	K

kiwi

kiwi

CUBRA O TRACEJADO E CONTINUE ESCREVENDO A LETRA K - k

A LARANJA É RICA EM VITAMINA C, DÁ ENERGIA E FAZ BEM À SAÚDE! PINTE A LETRA **L** NO TEXTO ABAIXO.

LIMONADA E LARANJADA

[...]
E AGORA, LARA?
LARANJADA COM LARANJA-LIMA OU LARANJA-BAÍA?
LARA ESCOLHE LARANJA-LIMA
E LAMBE OS LÁBIOS COM A LARANJADA.

JONAS RIBEIRO. ALFABÉTICO – ALMANAQUE DO ALFABETO POÉTICO. SÃO PAULO: EDITORA DO BRASIL, 2015. P. 41.

l	L
l	L

LARANJA

laranja

CUBRA O TRACEJADO E CONTINUE ESCREVENDO A LETRA L - l

COMPLETE AS PALAVRAS COM 𝑘 OU 𝑙 E LIGUE-AS À IMAGEM.

___etchup

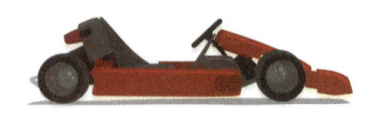

___ápis

___uva

___obo

___art

COMPLETE O NOME DAS CRIANÇAS COM 𝐿 OU 𝐾.

___evin

___avi

___arina

LIGUE OS PONTOS E DESCUBRA UMA FRUTA CUJO NOME COMEÇA COM A LETRA **M**.

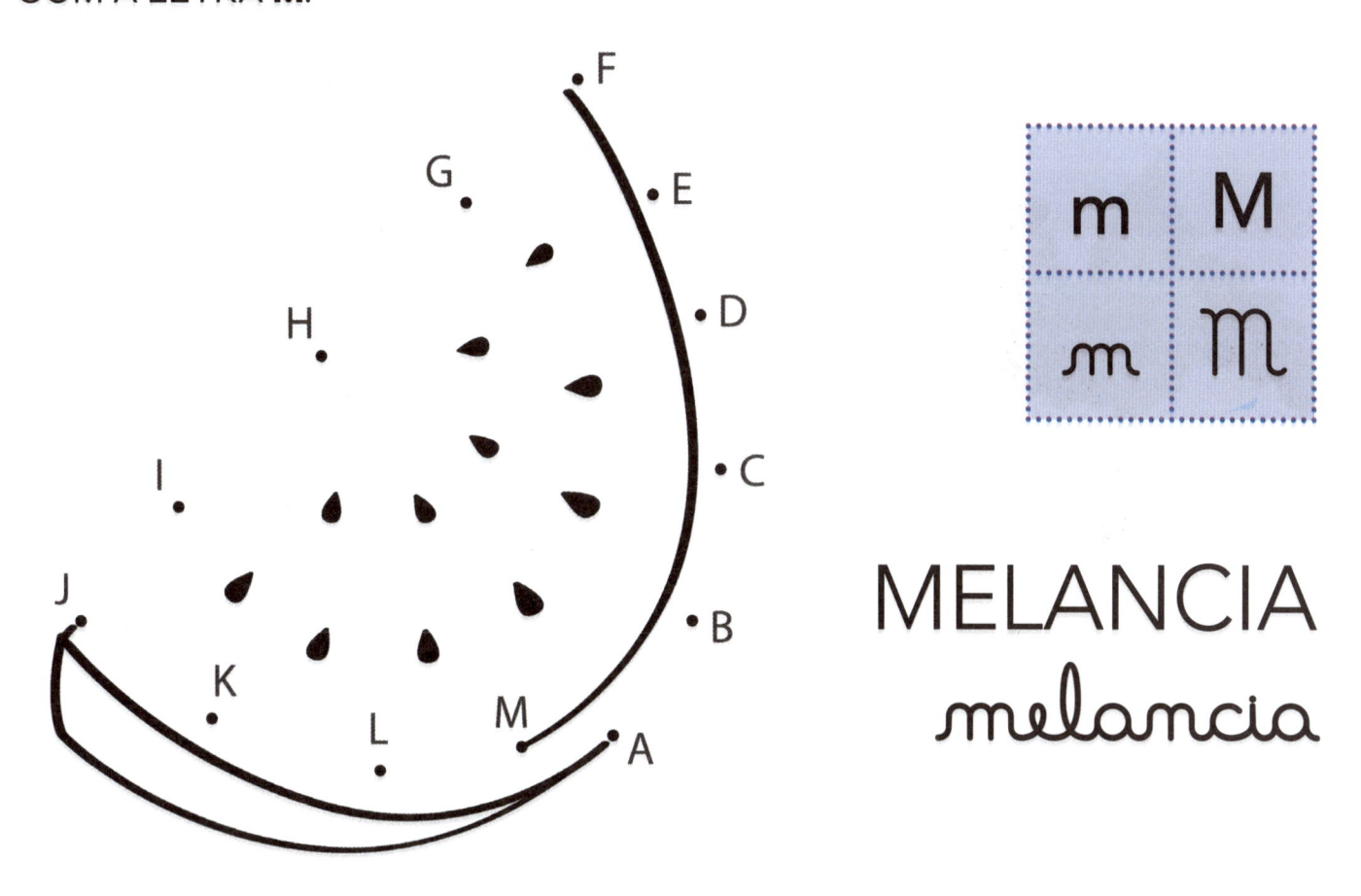

m	M
𝓂	𝓜

MELANCIA

melancia

CUBRA O TRACEJADO E CONTINUE ESCREVENDO A LETRA m – 𝓂.

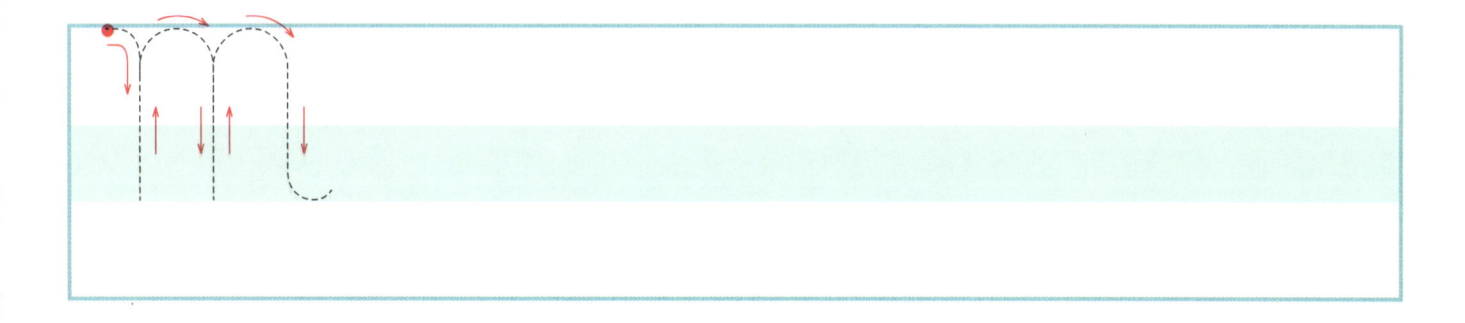

DE QUE COR SÃO AS FOLHAS DO NABO?

DESENHE AS FOLHAS DO OUTRO NABO E PINTE-AS DE **VERDE**.

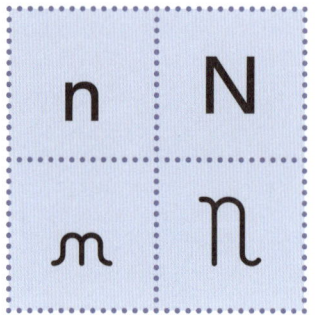

n	N
𝓃	𝓝

NABO

𝓃𝒶𝒷𝑜

CUBRA O TRACEJADO E CONTINUE ESCREVENDO A LETRA n – 𝓃.

DESTAQUE AS FIGURAS DA PÁGINA 153 E COLE AS PALAVRAS COM:

M, m, *m*

N, n, *n*

COMPLETE A ADIVINHA COM A LETRA *m* E DESCUBRA A RESPOSTA.

Por dentro, sou ver___elha.
Por fora, toda verdinha.
Co___ se___entes be___ pretinhas,
Todos ___e saboreia___.

ADIVINHA.

O OVO É UM ALIMENTO MUITO RICO! ELE PODE SER PREPARADO DE DIVERSAS FORMAS.

COMPLETE A PALAVRA COM O E o E DESCUBRA A RESPOSTA DA ADIVINHA.

O QUE É, O QUE É?

UMA CASINHA SEM PORTA
E SEM JANELA.
LÁ DENTRO, VIVEM DUAS DONZELAS,
UMA BRANCA E OUTRA AMARELA.

ADIVINHA.

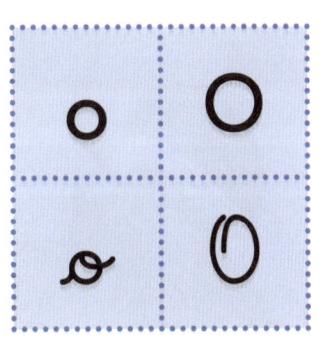

OVO

ovo

___ v ___ .

CUBRA O TRACEJADO E CONTINUE ESCREVENDO A LETRA O - o.

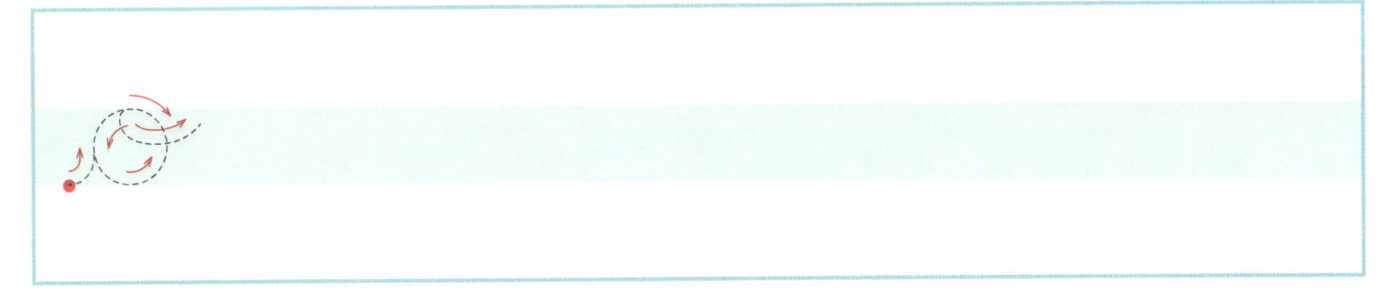

A PERA É UMA FRUTA SUCULENTA!

DE QUE COR COSTUMA SER A PERA? OBSERVE A IMAGEM E PINTE-A.

p	P
p	P

PERA

pera

CUBRA O TRACEJADO E CONTINUE ESCREVENDO A LETRA P - p

ACOMPANHE A LEITURA DA TIRINHA E CIRCULE NO QUADRO A LETRA QUE O LEÃO VIU NO BAMBOLÊ.

O P A D

COMPLETE O TRAVA-LÍNGUA COM P - p.

O ___eito do ___é de ___edro é ___reto.

TRAVA-LÍNGUA.

COMPLETE AS PALAVRAS COM AS LETRAS o E p

___a___agai

___anela

___irulit___

___at___

OUÇA A ADIVINHA E DESCUBRA A RESPOSTA DELA.

O QUE É, O QUE É?

SOU REDONDO E SOU DE LEITE
DE VACA, DE CABRA OU DE OVELHA.
UNS GOSTAM DE MIM,
OUTROS, NEM DO CHEIRO.
QUEM SOU EU?

ADIVINHA.

q	Q
q	Q

QUEIJO

queijo

CUBRA O TRACEJADO E CONTINUE ESCREVENDO A LETRA Q - q

OUÇA A ADIVINHA E DESCUBRA A RESPOSTA.
DEPOIS, CIRCULE DE **VERMELHO** A LETRA **R** NO TEXTO.

O QUE É, O QUE É?

SOU VERMELHO POR FORA
E BRANQUINHO POR DENTRO.
VIVO NA TERRA DA HORTA
E SAIO SE ME PUXAR DIREITO!

ADIVINHA.

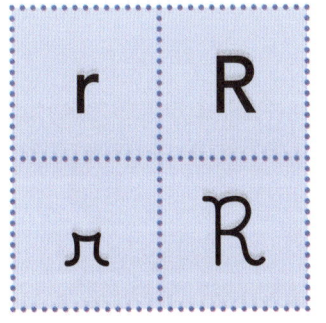

r	R
r	R

RABANETE

rabanete

CUBRA O TRACEJADO E CONTINUE ESCREVENDO A LETRA R - r

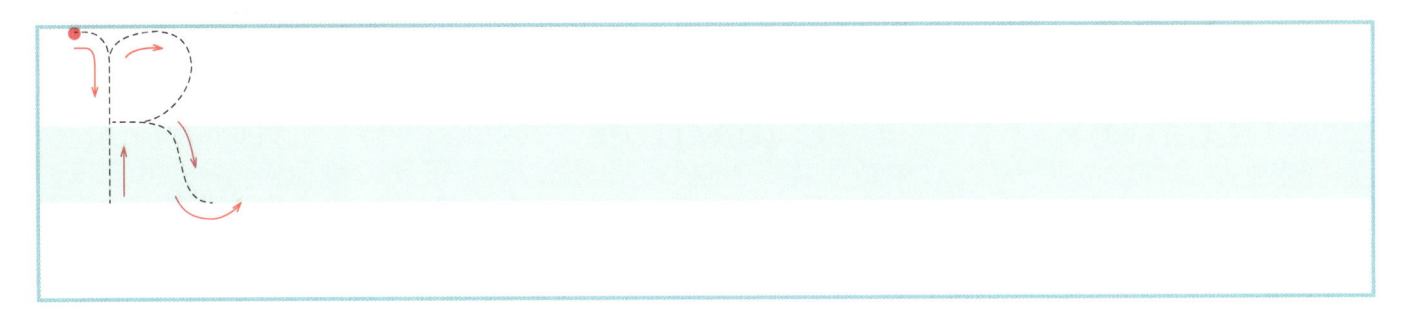

CIRCULE AS PALAVRAS DE ACORDO COM A LEGENDA.

■ COMEÇAM COM q   ■ COMEÇAM COM r

rato    quero-quero    rosa

quiabo    quadro    rei

LIGUE AS PALAVRAS IGUAIS.

QUEIXO   quibe

RAIO   roupa

QUIBE   raio

ROUPA   queixo

VOCÊ GOSTA DE SORVETE? PINTE A IMAGEM COM A COR DE SEU SABOR PREFERIDO.

DEPOIS, PINTE A LETRA **S** NO TEXTO.

HAICAI DE SALIVAR...

O SACI COM DOIS SORVETES.
UM DE SERIGUELA.
UM DE SAPOTI.

JONAS RIBEIRO. **ALFABÉTICO: ALMANAQUE DO ALFABETO POÉTICO.** SÃO PAULO: EDITORA DO BRASIL, 2015. P. 64.

SORVETE

sorvete

CUBRA O TRACEJADO E CONTINUE ESCREVENDO A LETRA 𝒮 - 𝓈

O TOMATE FICA UMA DELÍCIA NA SALADA!
CIRCULE A LETRA **T** NA CANTIGA.

TOMATINHO VERMELHO

TOMATINHO VERMELHO
PELA ESTRADA ROLOU.
UM GRANDE CAMINHÃO VEIO
E O TOMATINHO ESMAGOU.
POBRE DO TOMATINHO,
COITADO DO TOMATINHO,
KETCHUP VIROU!

CANTIGA.

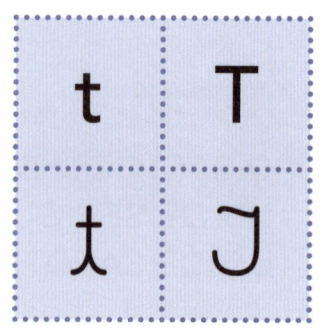

t	T
𝓉	𝒥

TOMATE

𝓉𝑜𝓂𝒶𝓉𝑒

CUBRA O TRACEJADO E CONTINUE ESCREVENDO A LETRA 𝒥-𝓉

CUBRA O TRACEJADO E LEIA O TRAVA-LÍNGUA.

Três pratos de trigo para três tigres tristes.

TRAVA-LÍNGUA.

MARQUE UM **X** NO ALIMENTO MENCIONADO NO TRAVA-LÍNGUA.

taioba			trigo			torrada

CIRCULE AS PALAVRAS QUE COMEÇAM COM **S**, *S* e *s*.

TAPETE			SAPO			SOL
tapete			sapo			Sol

SAPATO			TÊNIS			SOPA
sapato			tênis			sopa

VOCÊ JÁ OUVIU FALAR DO UXI?

OUÇA O POEMA E COMPLETE O TEXTO COM A LETRA U - u

___xi

E___ f___i à Amazônia,
De s___sto caí:
Que árvore gigante,
Era ___m pé de ___xi.

CÉSAR OBEID. CORES DA AMAZÔNIA: FRUTAS E BICHOS DA FLORESTA. SÃO PAULO: EDITORA DO BRASIL, 2015. P. 6.

u	U
u	U

UXI

uxi

CUBRA O TRACEJADO E CONTINUE ESCREVENDO A LETRA U - u

VOCÊ GOSTA DE VITAMINA DE FRUTAS? ESSA BEBIDA É GOSTOSA E SAUDÁVEL. CUBRA O TRACEJADO DA LETRA V - v NO TEXTO.

Vai mamão? Sim!
Vai banana? Sim!
Vai maçã? Sim!
Que delícia de vitamina!

TEXTO ESPECIALMENTE ESCRITO PARA ESTA OBRA.

v	V
v	V

VITAMINA
vitamina

CUBRA O TRACEJADO E CONTINUE ESCREVENDO A LETRA V - v.

COMPLETE COM u OU v.

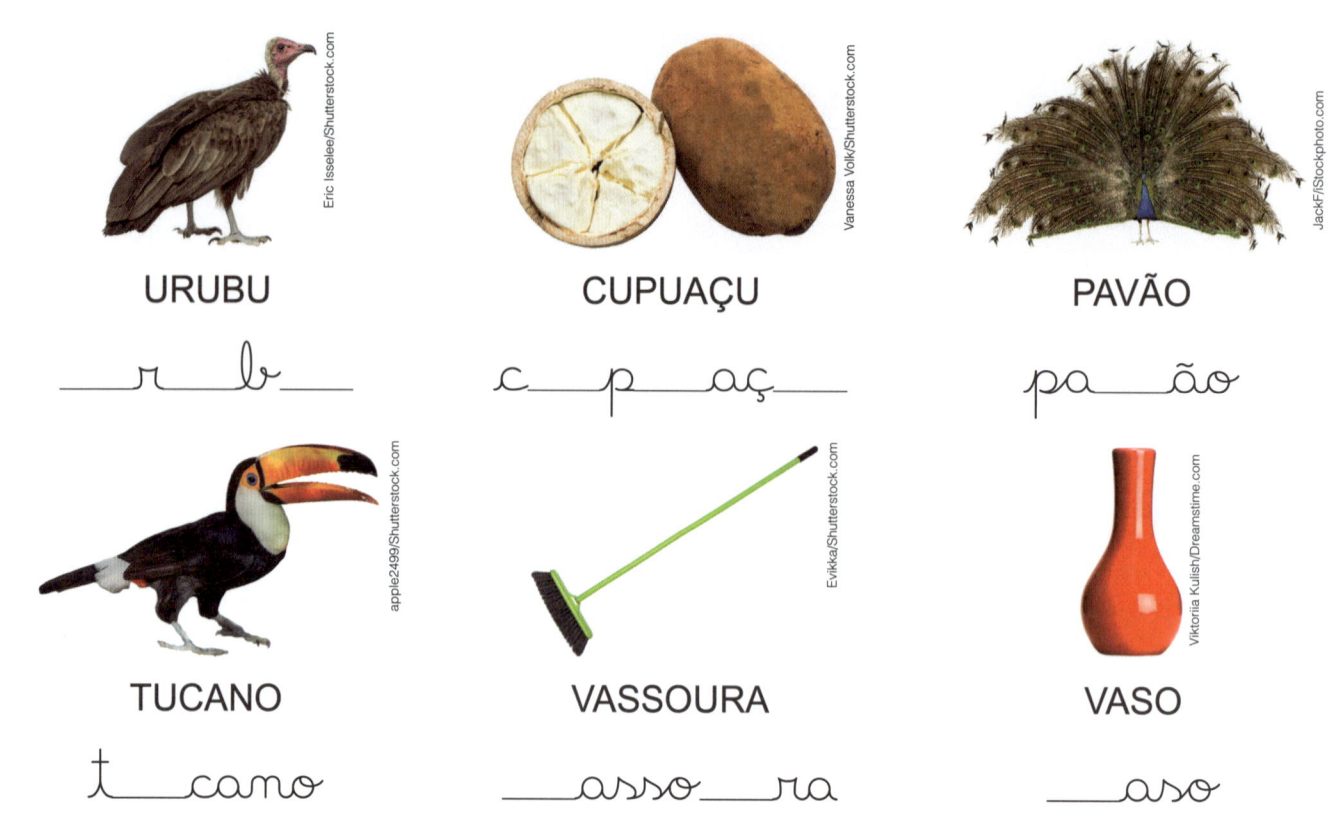

URUBU   CUPUAÇU   PAVÃO

_r_b_   c_p_aç_   pa_ão

TUCANO   VASSOURA   VASO

t_cano   _asso_ra   _aso

COMPLETE O NOME DAS CRIANÇAS COM U OU V.

_ítor   _biratã   _anessa

_rsula   _ívian   _itória

VOCÊ JÁ COMEU WAFFLE? É UMA DELÍCIA NO CAFÉ DA MANHÃ E NO LANCHE!

OUÇA O POEMA E PINTE A LETRA **W**.

AMIGOS

WANDA E WILLIAM
LEVARAM BROWNIES
PARA WAGNER.
E WAGNER
LEVOU WAFFLES
PARA WANDA E WILLIAM.

JONAS RIBEIRO. ALFABÉTICO: **ALMANAQUE DO ALFABETO POÉTICO**. SÃO PAULO: EDITORA DO BRASIL, 2015. P. 74.

w	W
w	W

WAFFLE

waffle

CUBRA O TRACEJADO E CONTINUE ESCREVENDO A LETRA W - w.

XERÉM VAI BEM NO CAFÉ DA MANHÃ, NO ALMOÇO OU NO JANTAR. OUÇA O POEMA E CIRCULE DE **AMARELO** A LETRA **X**.

ÍNDIO DO MATO É XAVANTE.
MILHO SOCADO É XERÉM.
E A GENTE CHAMA XARÁ
QUEM O MESMO NOME TEM...

RUTH ROCHA. PALAVRAS, MUITAS PALAVRAS... SÃO PAULO: QUINTETO EDITORIAL, 1998. P. 44.

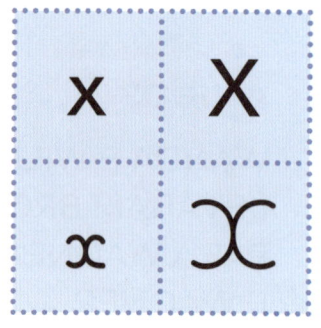

x	X
x	⚡

XERÉM
xerém

CUBRA O TRACEJADO E CONTINUE ESCREVENDO A LETRA X - x

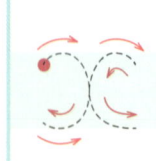

COMPLETE OS NOMES COM **w** – *w*.

___ALTER   ___ESLEY   ___ENDY

___alter   ___esley   ___endy

RESPONDA ÀS ADIVINHAS E ESCREVA A PALAVRA COMO SOUBER. DEPOIS, DESTAQUE AS FIGURAS DA PÁGINA 151 E COLE-AS NOS QUADROS CORRESPONDENTES.

1. É UM PANO DE CROCHÊ USADO NOS OMBROS COMO AGASALHO.

2. USAMOS PARA TOMAR CHÁ OU CAFÉ.

3. TIPO DE REMÉDIO PARA TOSSE.

VOCÊ CONHECE ALGUM PRATO DA CULINÁRIA ORIENTAL?
OUÇA A ADIVINHA E DESCUBRA UM PRATO ORIENTAL DELICIOSO.

QUEM SOU EU?

SOU SABOROSO E CHEIROSO, PREPARADO COM LEGUMES E SHOYU. TENHO UM INGREDIENTE ESPECIAL DA CULINÁRIA ORIENTAL: O MACARRÃO DE ARROZ E NÃO O TRADICIONAL.

ADIVINHA.

y	Y
y	Y

YAKISOBA

yakisoba

CUBRA O TRACEJADO E CONTINUE ESCREVENDO A LETRA Y - y

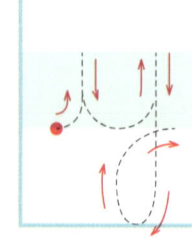

VOCÊ JÁ OUVIU FALAR DO ZIMBRO? É UM TEMPERO CHEIROSO E MUITO SABOROSO!

OUÇA O POEMA E CIRCULE DE **PRETO** A LETRA **Z**.

[...]
ZIMBRO É UMA BOLINHA PRETA,
PICANTE E ADOCICADA,
AMASSE SUAS SEMENTES,
VEJA SE O SABOR LHE AGRADA.

CÉSAR OBEID. **ABECEDÁRIO DE AROMAS.**
SÃO PAULO: EDITORA DO BRASIL, 2017. P. 60.

z	Z
z	Z

ZIMBRO

zimbro

CUBRA O TRACEJADO E CONTINUE ESCREVENDO A LETRA z - z.

PINTE AS FIGURAS CUJO NOME COMEÇA COM A LETRA z.

zíper   aranha   zebra

CUBRA O TRACEJADO DE z E y.

O vizinho de Yago se assustou com a ratazana.

COMPLETE OS NOMES COM y.

_asmim   _ara   _uri

HUM... ACABOU DE SAIR UMA FORNADA DE BISCOITOS!

DESTAQUE AS LETRAS DA PÁGINA 155 E COLE-AS PARA COMPLETAR O ALFABETO.

LIGUE AS LETRAS SEGUINDO A ORDEM ALFABÉTICA E DESCUBRA UMA FRUTA. DEPOIS, PINTE O DESENHO.

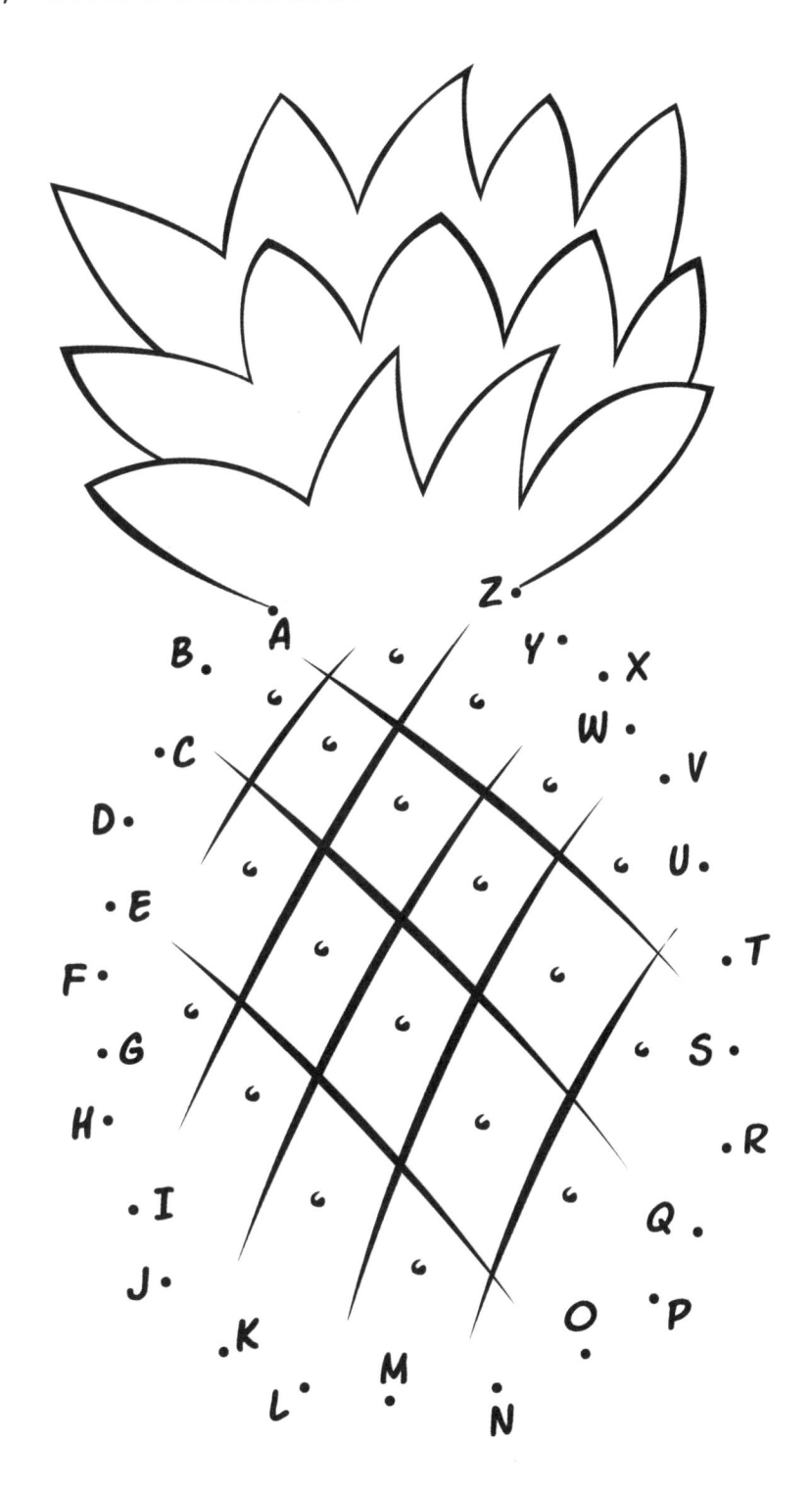

QUAL É O NOME DESSA FRUTA? ESCREVA-O NA LINHA ABAIXO COMO SOUBER.

_____

OBSERVE O ALFABETO:

A B C D E F G H I J K L M
N O P Q R S T U V W X Y Z

- QUAL LETRA VEM DEPOIS? COMPLETE.

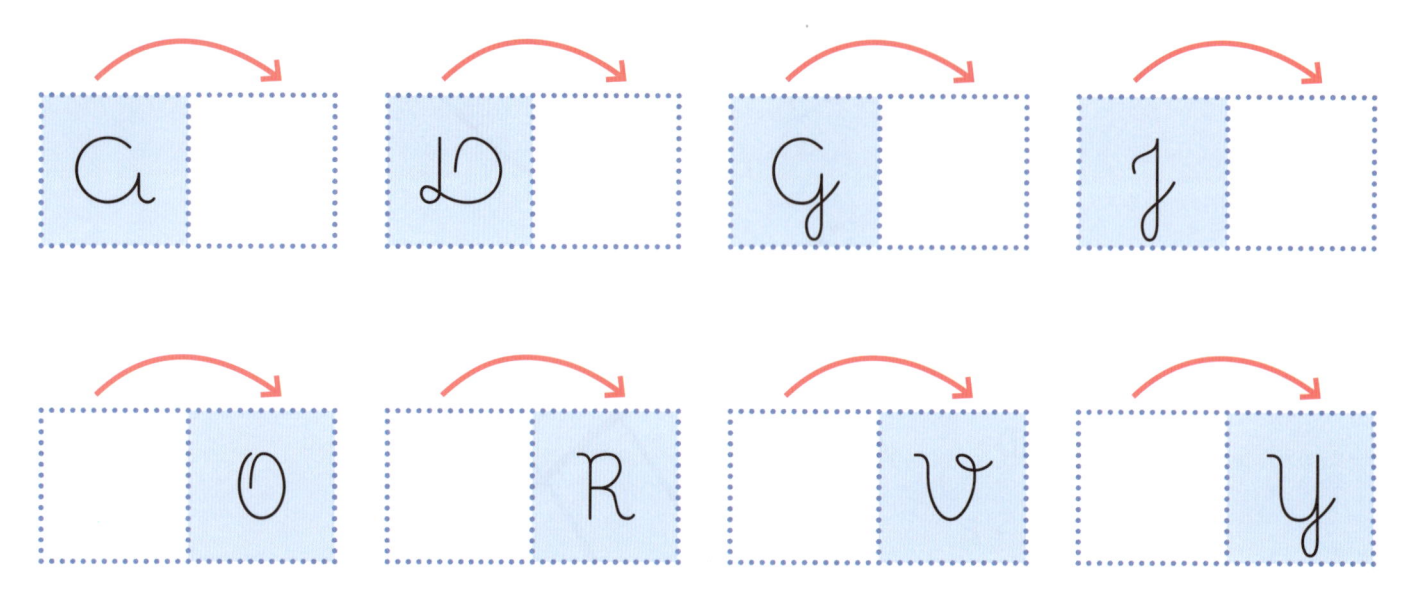

A → ___   D → ___   G → ___   J → ___

___ → O   ___ → R   ___ → V   ___ → Y

- QUAL LETRA VEM ANTES? COMPLETE.

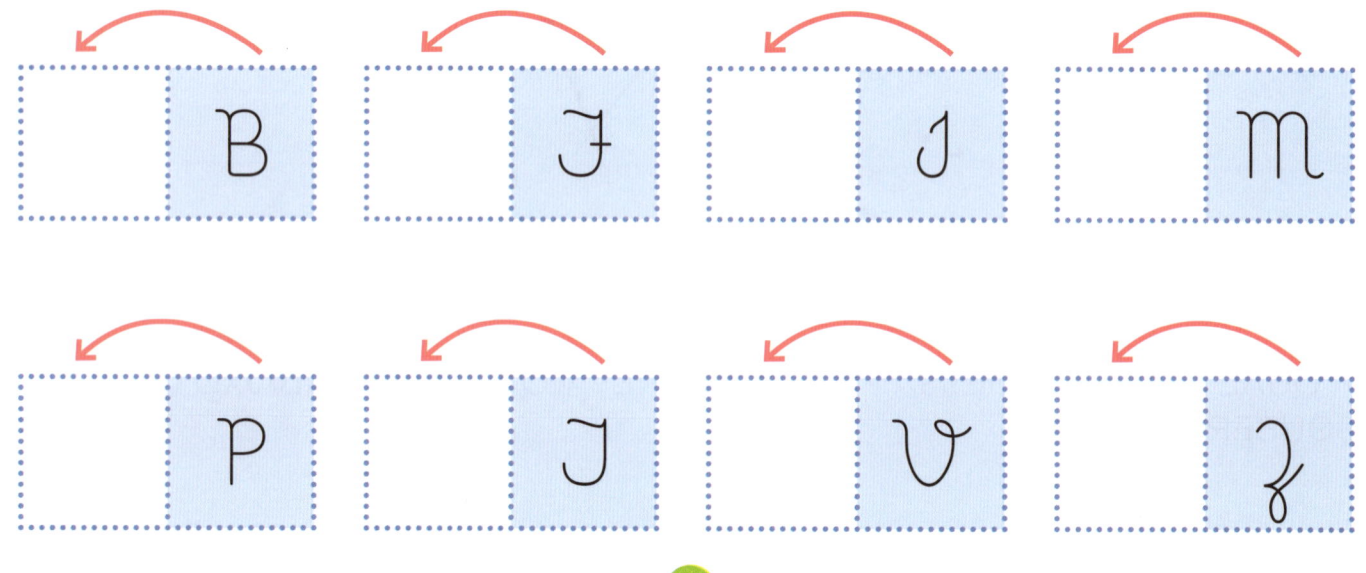

___ ← B   ___ ← F   ___ ← J   ___ ← M

___ ← P   ___ ← T   ___ ← V   ___ ← Z

COMPLETE O ALFABETO COM AS LETRAS CURSIVAS MINÚSCULAS.

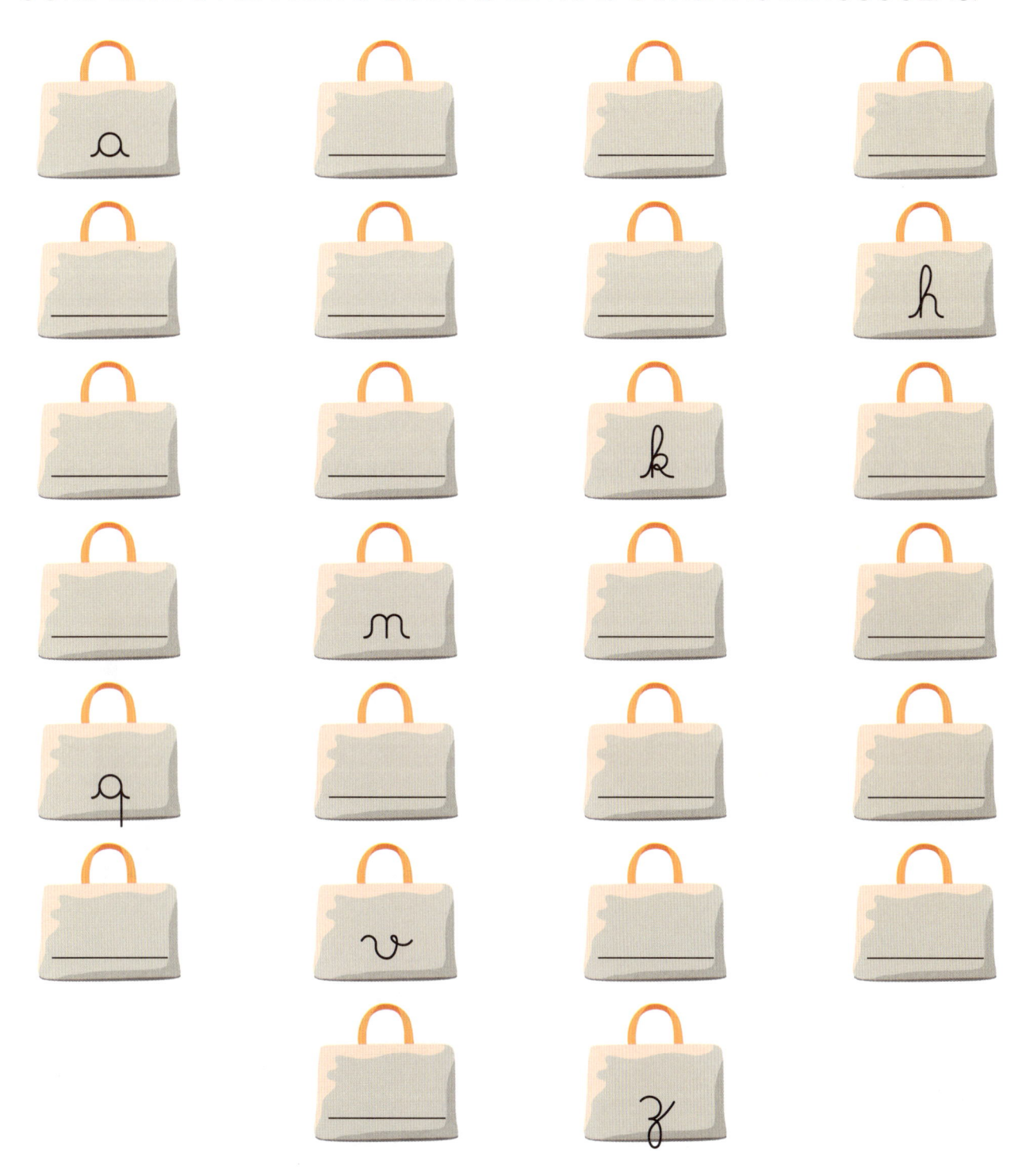

CUBRA O TRACEJADO DAS PALAVRAS ABAIXO.

feira

sacola

frutas

AO LONGO DO LIVRO, NÓS CONHECEMOS MUITOS ALIMENTOS SABOROSOS!

FAÇA UMA LISTA DE SEUS ALIMENTOS PREFERIDOS E ESCREVA O NOME DELES COMO VOCÊ SOUBER.

_____
_____
_____
_____

LEIA CADA PALAVRA ABAIXO E CIRCULE A PALAVRA QUE PODE SER ENCONTRADA DENTRO DELA. SIGA A PISTA DAS IMAGENS.

tesouro

escola

girassol

telhado

BRINCANDO COM ARTE

VAMOS FAZER NOSSO ALFABETO?

1. PINTE OS PALITOS DE SORVETE COM TINTA GUACHE.

2. MONTE E COLE OS PALITOS FORMANDO AS LETRAS.

3. COLE AS LETRAS EM UMA FOLHA DE PAPEL.

4. MONTE UM MURAL COM AS LETRAS.

EM UMA FOLHA À PARTE, COLE UMA FOTOGRAFIA DO MURAL.

BRINCANDO COM CANTIGA

CANTE A CANTIGA E COMPLETE A PALAVRA COM AS VOGAIS.

POMBINHA, QUANDO TU FORES...
POMBINHA, QUANDO TU FORES
ME ESCREVE PELO CAMINHO.
SE NÃO ACHARES PAPEL
NAS ASAS DE UM PASSARINHO,

DA BOCA FAZ UM TINTEIRO,
DA LÍNGUA, PENA DOURADA,
DOS DENTES, LETRA MIÚDA,
DOS OLHOS, CARTA FECHADA.

A POMBINHA VOOU, VOOU,
FOI-SE EMBORA E ME DEIXOU.

CANTIGA.

p_mb_nh_

A POMBINHA VOOU PARA LONGE.

DESTAQUE AS FIGURAS DA PÁGINA 157 E COLE-AS PARA MONTAR A POMBINHA. DEPOIS, COMPLETE O NOME DAS PARTES DO CORPO DELA.

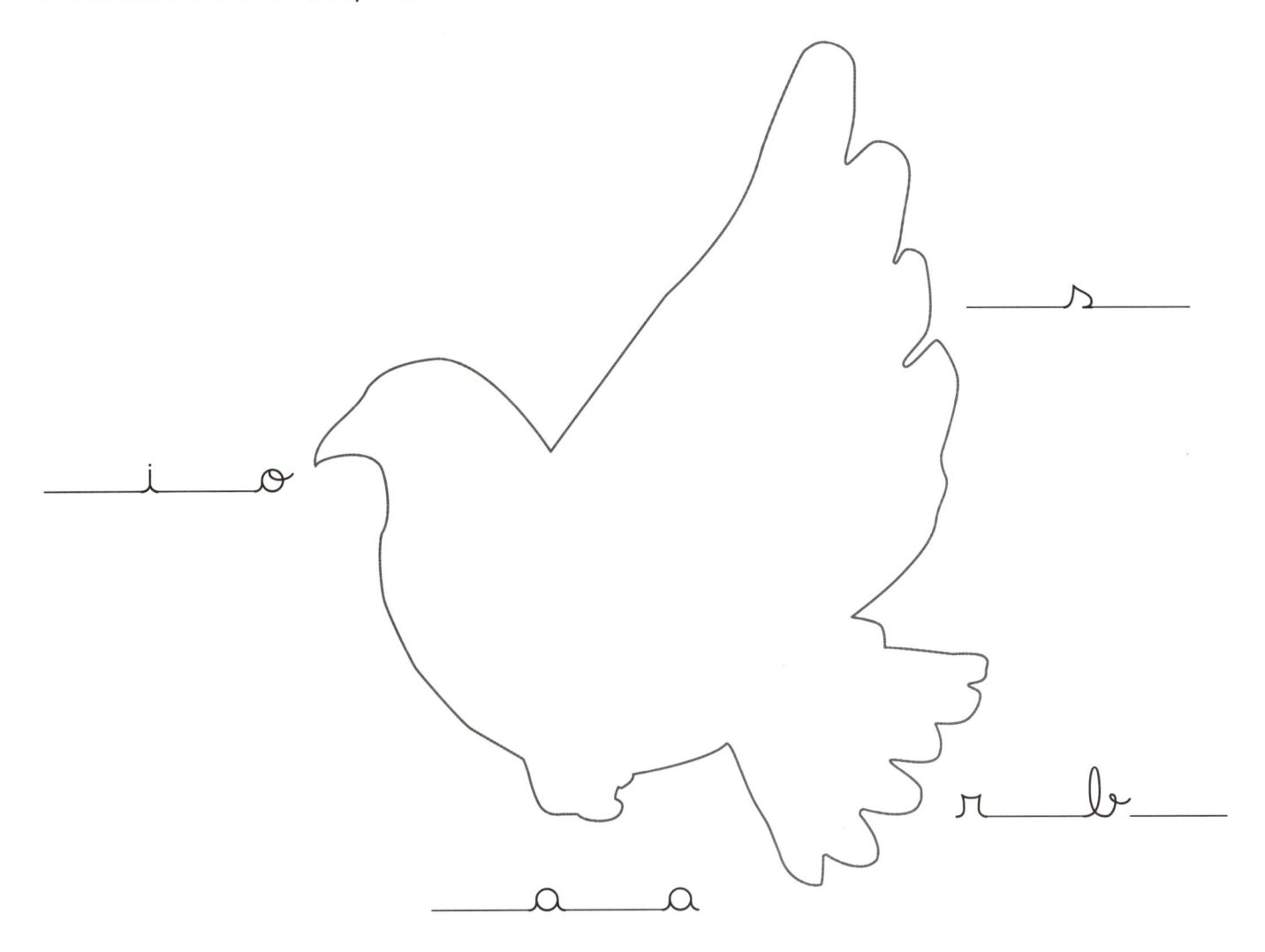

__s__

__i__o

__r__b__

__a__a

FORME PALAVRAS NOVAS COM AS MESMAS CONSOANTES DE *pata*, *bico* E *pena*.

p__t__

b__c__

p__m__

VAMOS MANDAR UM BILHETE PELA POMBINHA?

ESCOLHA UM AMIGO E MANDE O BILHETE PARA ELE, ESCREVA O NOME DELE E ASSINE O SEU.

Olá, _____.
Vamos brincar de bola? Depois podemos fazer um piquenique.
_____

O QUE HÁ NA CESTA DE PIQUENIQUE?

DESEMBARALHE AS LETRAS PARA FORMAR AS PALAVRAS.

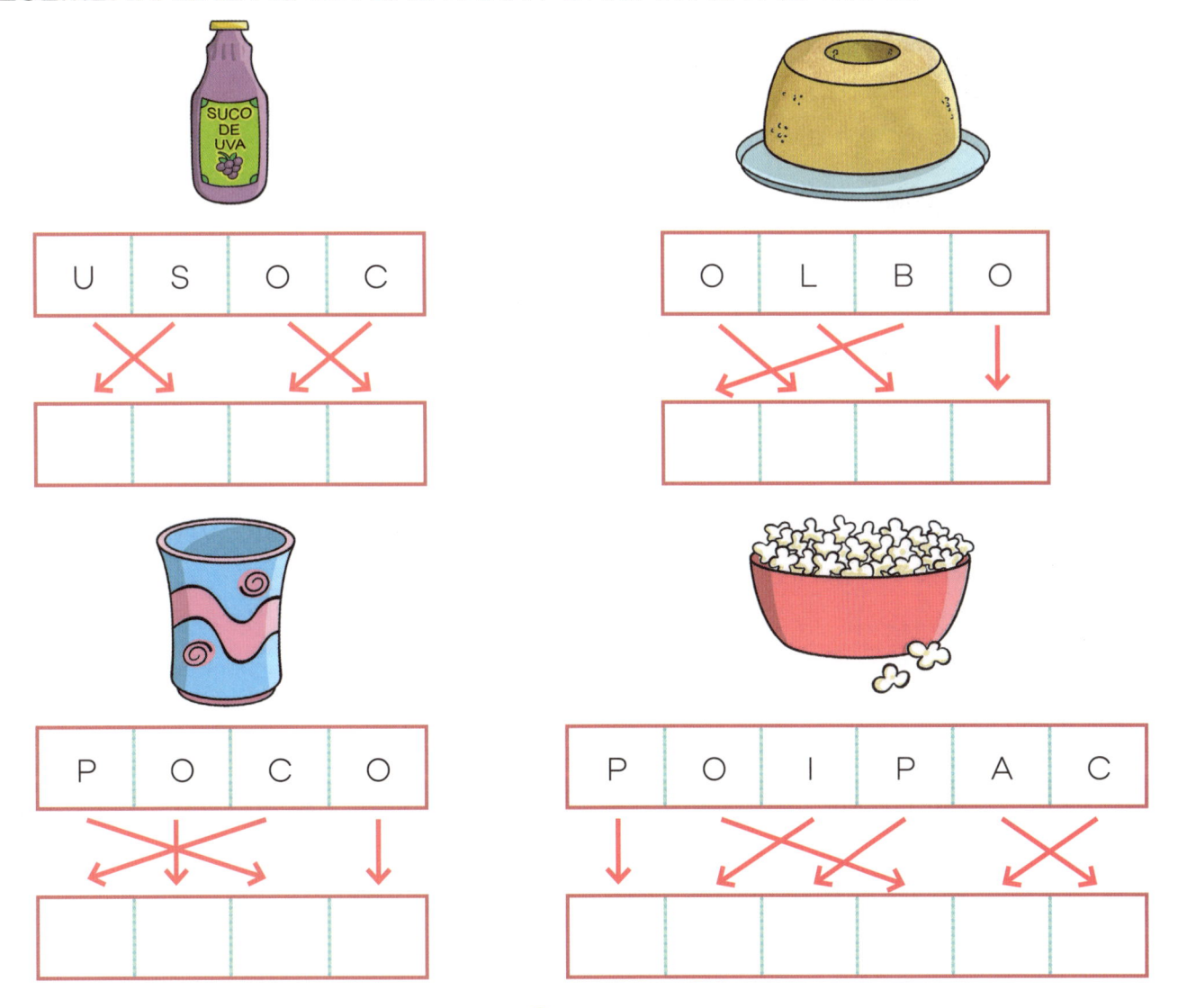

| U | S | O | C |

| O | L | B | O |

| P | O | C | O |

| P | O | I | P | A | C |

VOCÊ CONHECE OUTROS ANIMAIS QUE TENHAM ASAS COMO A POMBINHA?

COMPLETE O NOME DE ALGUNS DELES COM VOGAIS.

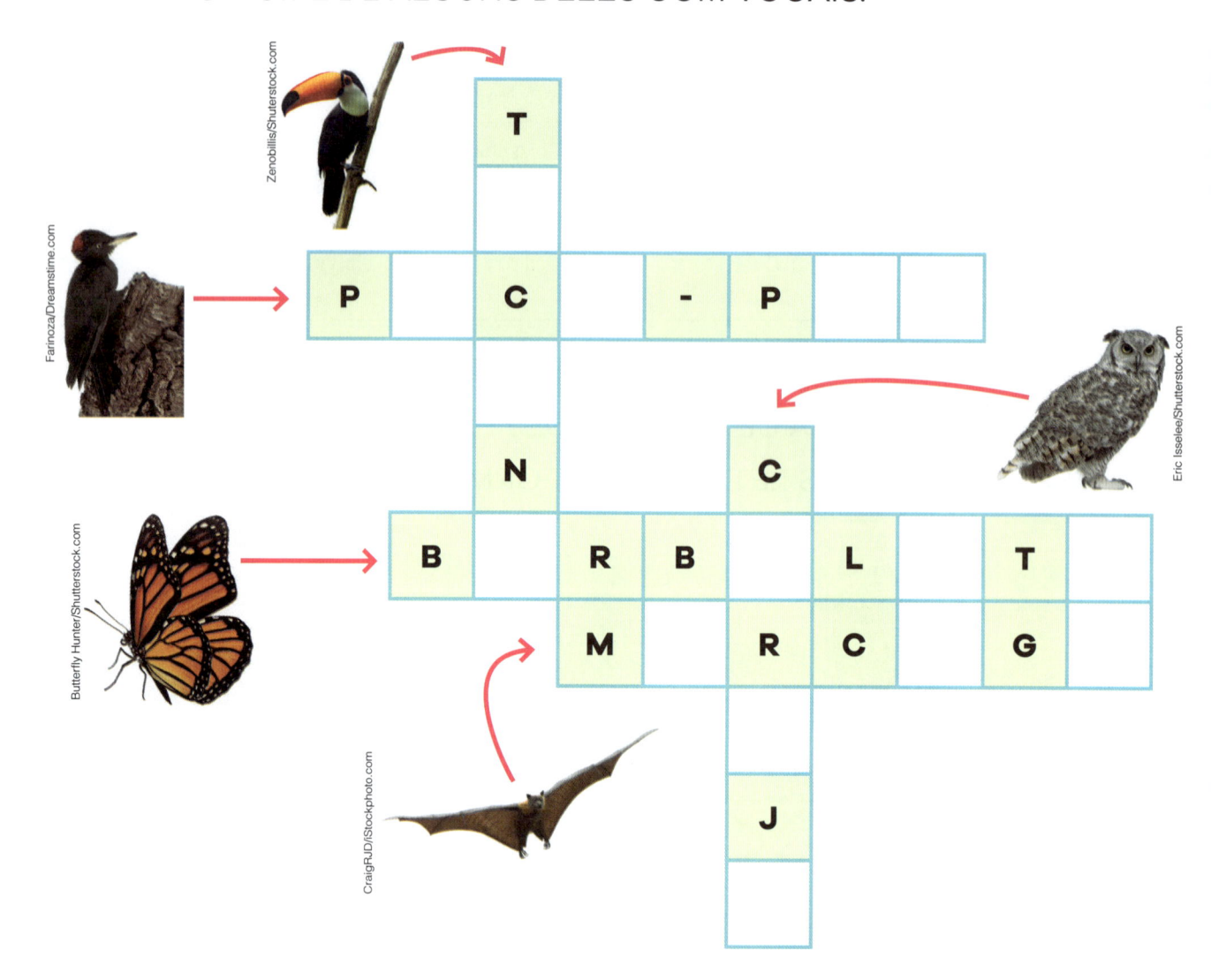

DESENHE OUTRO ANIMAL QUE TENHAS ASAS E ESCREVA O NOME DELE COMO SOUBER.

PARA QUEM A POMBINHA LEVARÁ ESTA CARTA?

BETINA PEREIRA
AVENIDA IPIRANGA, 72
CAMPO BELO – MACEIÓ – AL
CEP: 78787-000

O QUE É PRECISO PARA ESCREVER E ENVIAR UMA CARTA?
PINTE OS CÍRCULOS E DESCUBRA DUAS PALAVRAS.

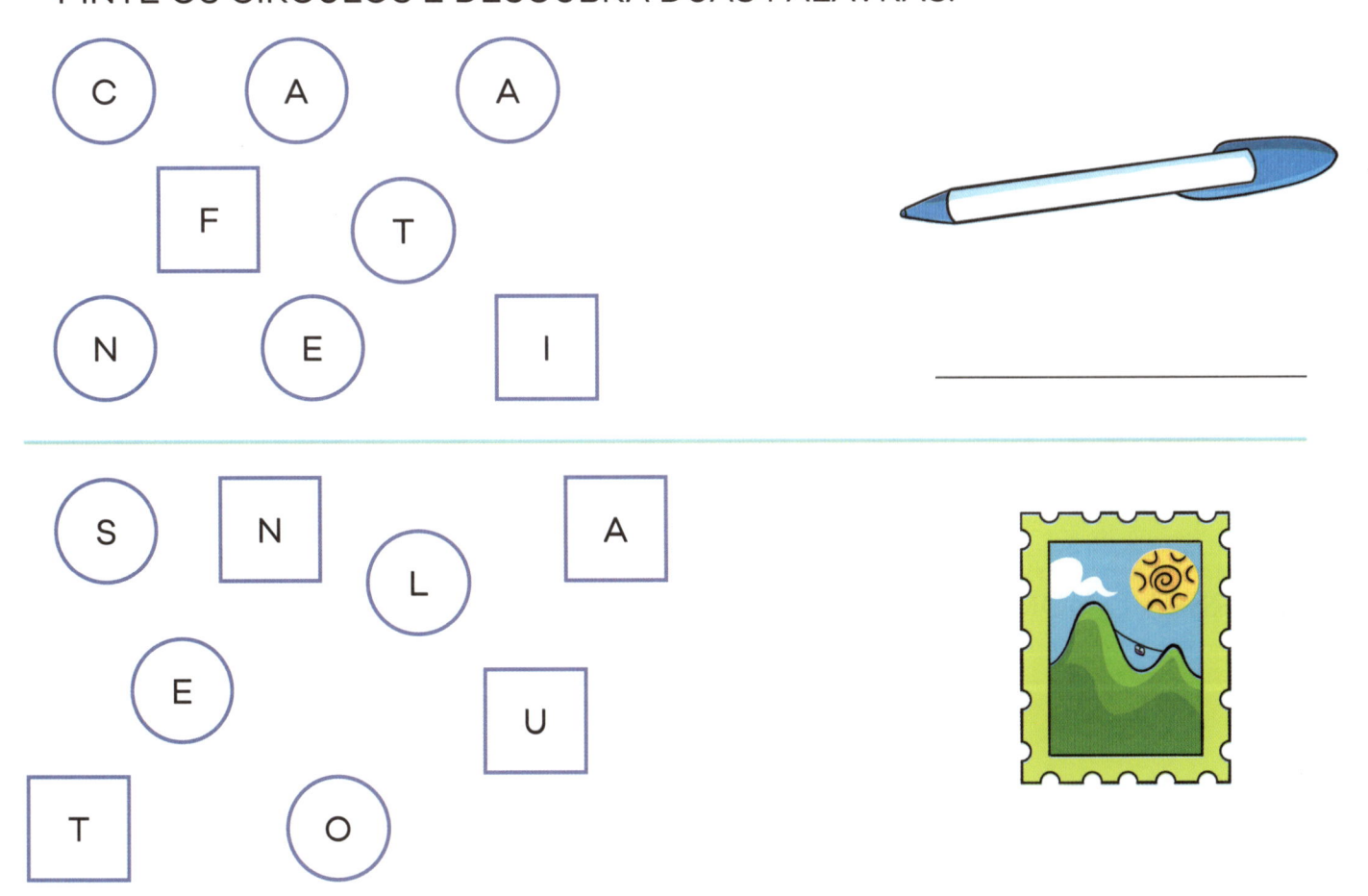

C A A F T N E I

S N A L E U T O

O QUE ESTAVA ESCRITO NA CARTA PARA BETINA?

OUÇA O QUE DIZ A CARTA E CUBRA OS TRACEJADOS PARA COMPLETÁ-LA.

> Olá, Betina!
> Papai e eu estamos coletando brinquedos para doação. Quer nos ajudar? Quais brinquedos você pode doar?
>
> Beijos,
> Larissa

QUAIS BRINQUEDOS BETINA VAI DOAR?

DESEMBARALHE AS LETRAS PARA FORMAR AS PALAVRAS.

O B E N C A

_____

L O B A

_____

Ã O P I

_____

C A T E P E

_____

PENSE EM UM BRINQUEDO SEU QUE VOCÊ GOSTARIA DE DOAR E ESCREVA O NOME DELE COMO SOUBER.

BRINCANDO COM POEMA

VAMOS CONHECER A ROTINA DA MARIANA?

OUÇA O POEMA E NUMERE AS IMAGENS DE ACORDO COM O TEXTO.

ROTINA...

TODO DIA É SEMPRE ASSIM
DE MANHÃ, FAÇO XIXI
NA ESCOLA, A PROFESSORA
ME PERGUNTA O QUE EU LI
UMAS VEZES LEIO UM LIVRO
NOUTRAS VEZES, UM GIBI.

CÉSAR OBEID. CRIANÇA POETA: QUADRAS, CORDÉIS E LIMERIQUES. SÃO PAULO: EDITORA DO BRASIL, 2011. P. 12.

EM UMA FOLHA À PARTE, DESENHE UMA ATIVIDADE QUE VOCÊ FAZ TODOS OS DIAS.

APÓS DEIXAR MARIANA NA ESCOLA, A MÃE DELA FOI AO MERCADO. OBSERVE O QUE ELA ESTÁ PENSANDO E AJUDE-A A FAZER UMA LISTA. ESCREVA O NOME DOS ALIMENTOS DA MANEIRA QUE SOUBER.

COMO É SUA ROTINA?

DESTAQUE AS FRASES DA PÁGINA 159 E COLE-AS DE ACORDO COM SUA ROTINA.

AGORA, ESCREVA, COMO SOUBER, OUTRA AÇÃO QUE FAZ PARTE DE SUA ROTINA.

NA CHEGADA À ESCOLA, MARIANA PENDURA A MOCHILA.
QUAL É O CABIDE DELA? PINTE A ETIQUETA COM O NOME DE MARIANA.

ESCREVA OS NOMES NAS ETIQUETAS.

MURILO

FELIPE

ALICE

MARIANA

MARIANA ESTÁ NA SALA DE LEITURA.
COMPLETE OS TÍTULOS DOS LIVROS.

a _____ e a _____
BELA   FERA

a _____ e as _____
RAPOSA   UVAS

a pequena _____
SEREIA

o _____ e o _____
LOBO   CÃO

QUAL É SUA HISTÓRIA PREFERIDA?
ESCREVA O TÍTULO DELA.

ENCARTES DE ADESIVOS

PÁGINA 9

PÁGINA 26

ESTRELA

ATUM

OURIÇO

ULISSES

ILHA

PÁGINA 13

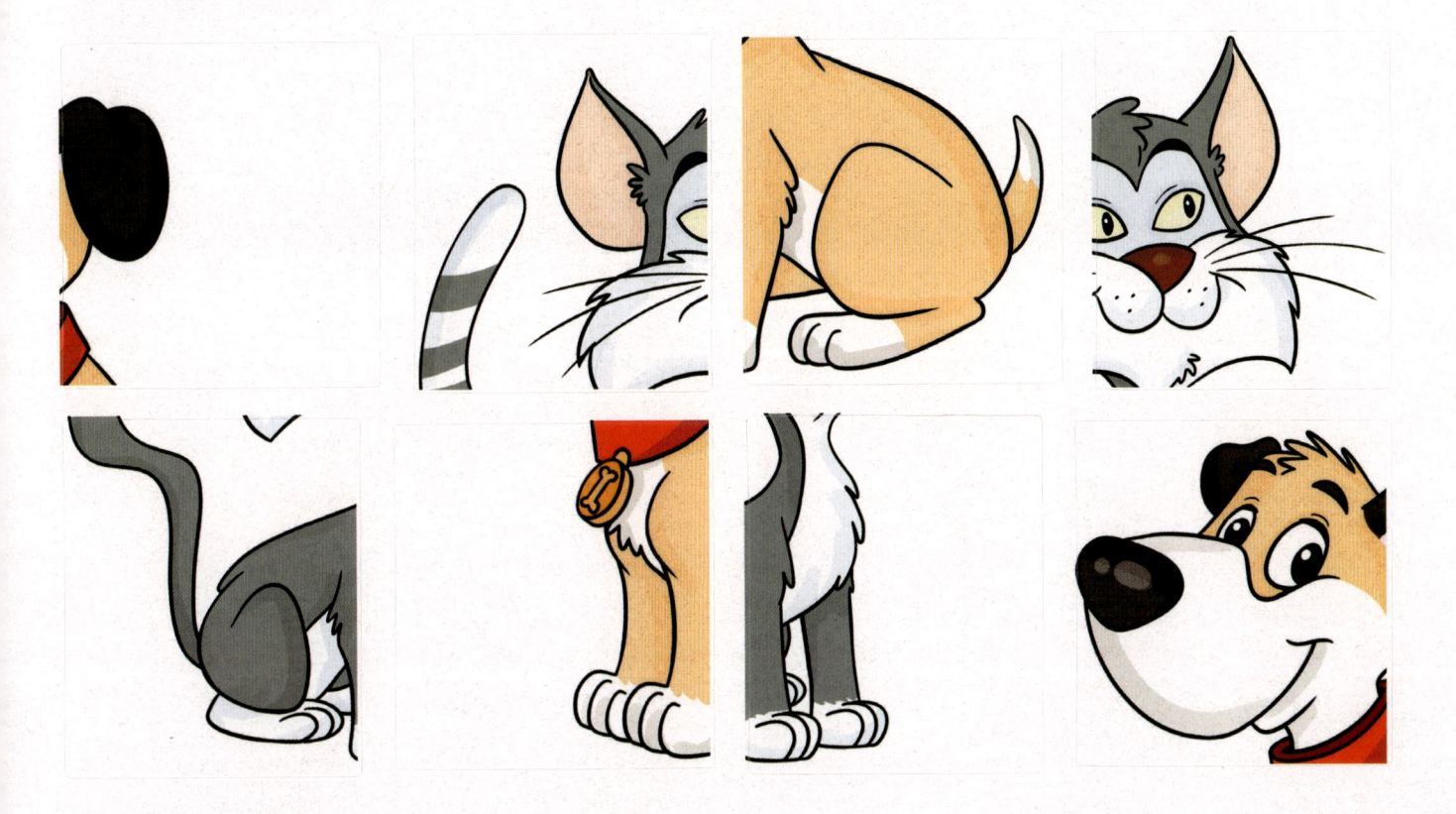

PÁGINA 18

PÁGINA 73

PÁGINA 74

149

PÁGINA 92

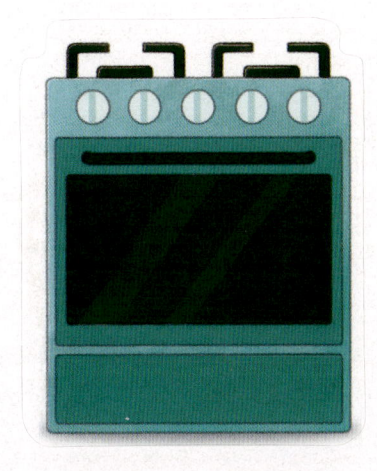

PÁGINA 121

ENCARTES DE PICOTES

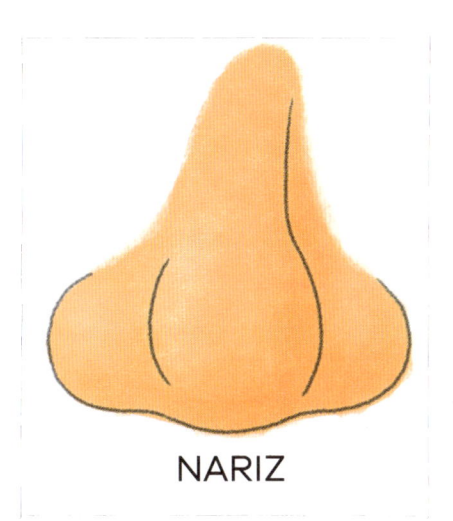

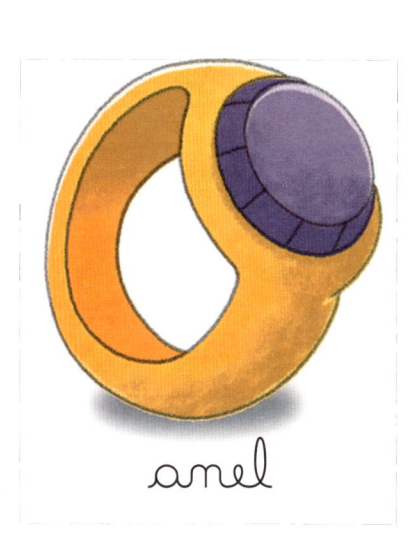

PÁGINA 105

macaco

mala

AMEIXA

navio

NARIZ

anel

PÁGINA 125

M P W

K T E

C Z R

C V

PÁGINA 133

PÁGINA 141

Tomar café da manhã.

Acordar.

Escovar os dentes.

Ir à escola.

BRINCANDO COM AS PALAVRAS

Jaime Teles da Silva
Graduado em Pedagogia
Bacharel e licenciado em Educação Física
Especializado em Educação Física Escolar
Professor na rede municipal

Letícia García
Formada em Pedagogia
Professora de Educação Infantil

Vanessa Mendes Carrera
Mestre em Educação
Pós-graduada em Alfabetização e Letramento
Graduada em Pedagogia
Professora de Educação Infantil e do 1º ano
do Ensino Fundamental

Viviane Osso L. da Silva
Pós-graduada em Neurociência Aplicada à Educação
Pós-graduada em Educação Inclusiva
Graduada em Pedagogia
Professora de Educação Infantil e do 1º ano
do Ensino Fundamental

CADERNO DE ATIVIDADES

2
Educação Infantil

Editora do Brasil

CUBRA O TRACEJADO E PINTE OS DESENHOS.

AJUDE O ESQUILO A CHEGAR ATÉ AS NOZES.

CIRCULE AS LETRAS QUE VOCÊ CONHECE NAS PALAVRAS A SEGUIR.

ESQUILO   NOZES

CUBRA O TRACEJADO E ACOMPANHE O MOVIMENTO DOS MEIOS DE TRANSPORTE.

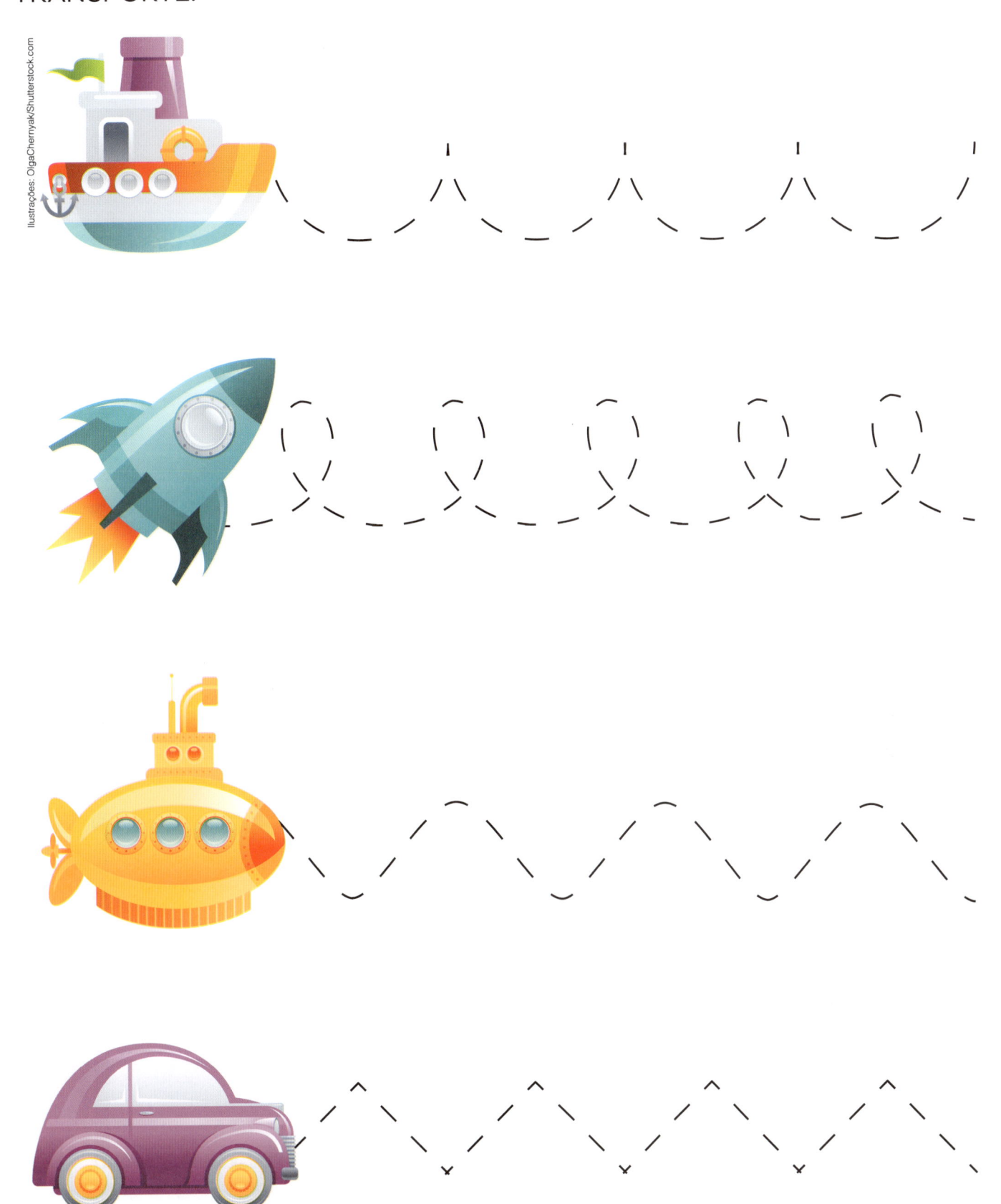

O QUE FALTA NESTA CASA? COLE RECORTES DE JORNAIS E REVISTAS PARA COMPLETÁ-LA.

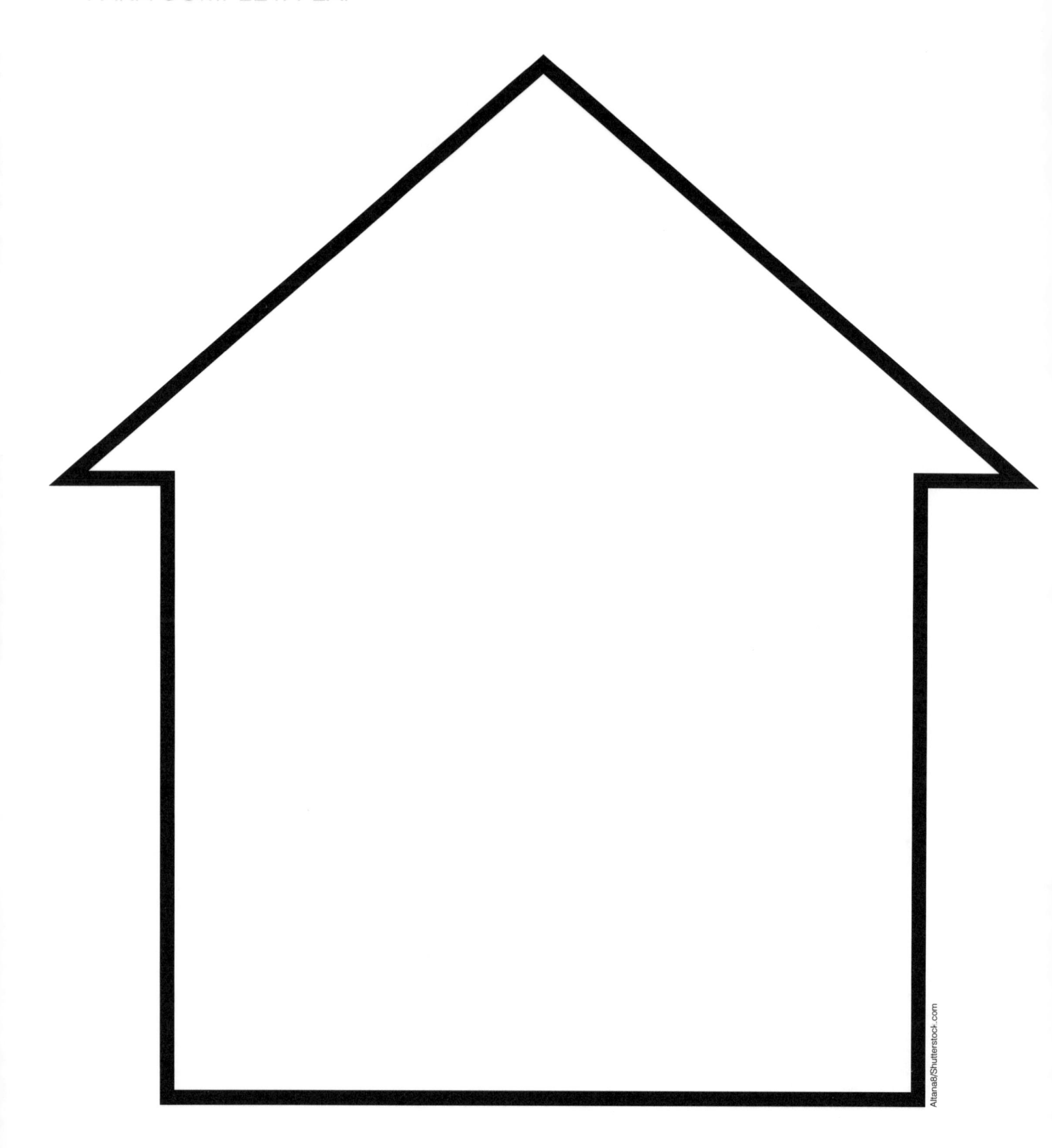

LIGUE OS PONTOS PARA FORMAR OS RAIOS DO SOL E DEPOIS PINTE-O.

SOL E CHUVA:
CASAMENTO DE VIÚVA.
CHUVA E SOL:
CASA RAPOSA COM ROUXINOL.

PARLENDA.

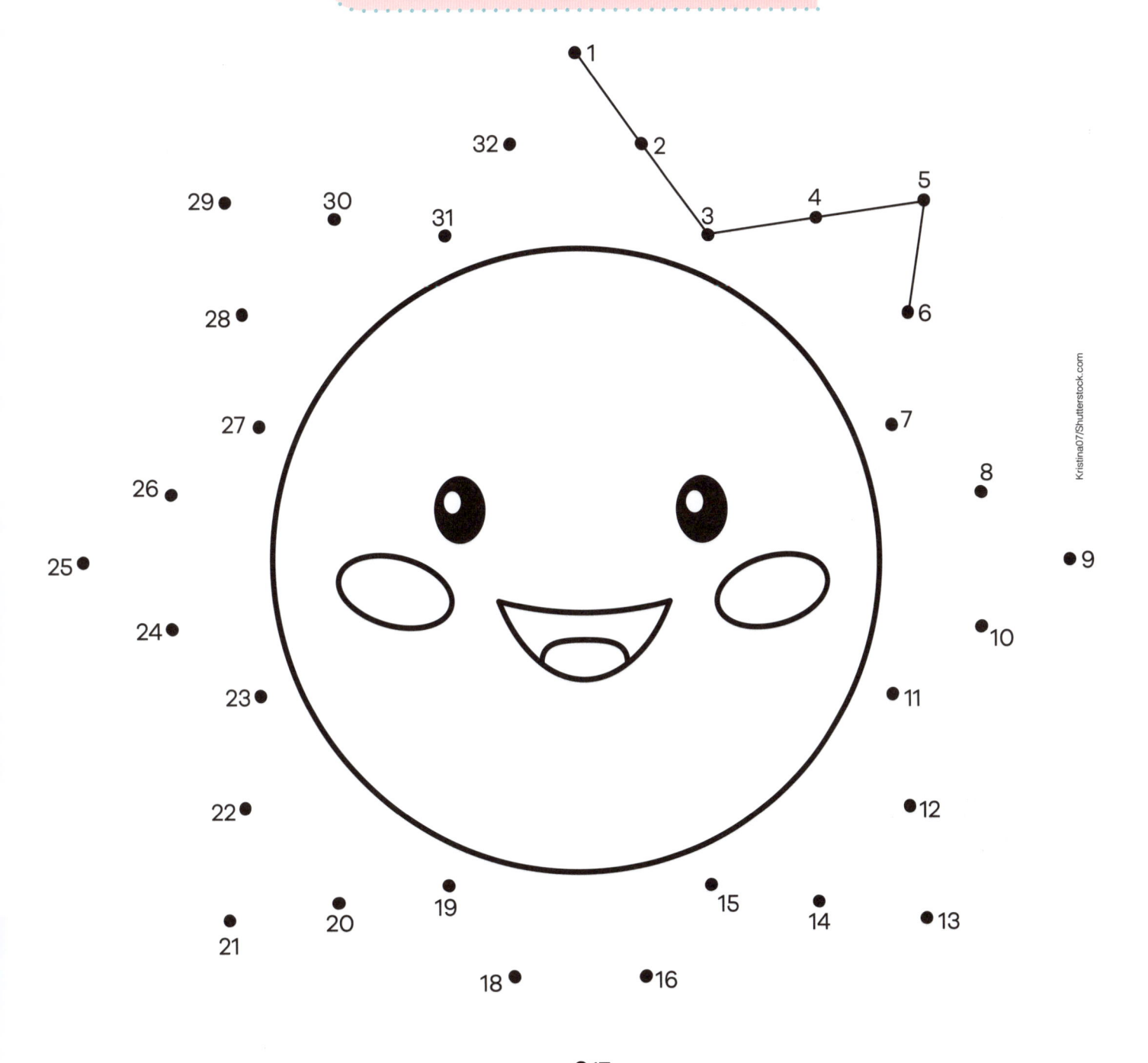

QUE DELÍCIA É O VERÃO! CUBRA O TRACEJADO E CIRCULE A BRINCADEIRA DE QUE VOCÊ MAIS GOSTA.

CUBRA O TRACEJADO DA VOGAL 𝒶 – a E CONTINUE ESCREVENDO-A.
DEPOIS, PINTE O DESENHO.

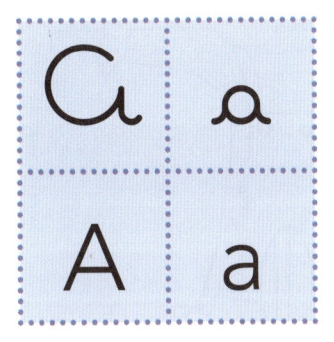

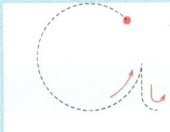

𝒶	a
A	a

abelha
ABELHA

PINTE DE **AMARELO** APENAS A VOGAL **A**, 𝒶 E a

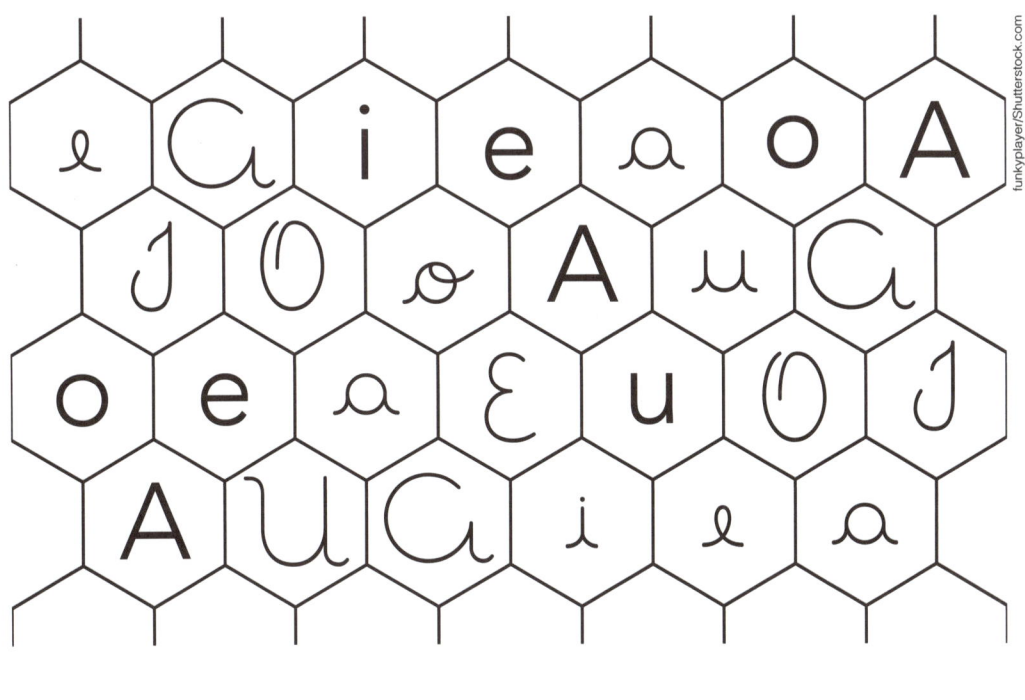

CUBRA O TRACEJADO DA VOGAL Ɛ - ℓ
E CONTINUE ESCREVENDO-A. DEPOIS, PINTE
O DESENHO.

Ɛ	ℓ
E	e

espantalho
ESPANTALHO

COMPLETE AS PALAVRAS ABAIXO COM A VOGAL **E - ℓ**

____SP____LHO
sp____lho

SABON____T____
sabon____t____

BON____CA
bon____ca

____SCOVA
____scova

CUBRA O TRACEJADO DA VOGAL I – i E CONTINUE ESCREVENDO-A. DEPOIS, PINTE O DESENHO.

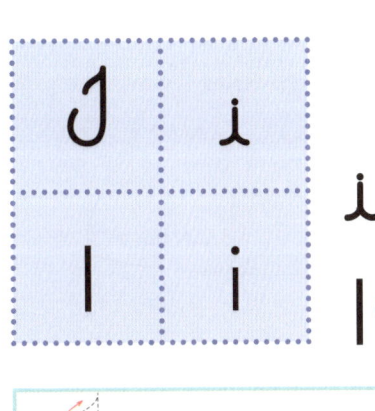

I	i
I	i

iguana
IGUANA

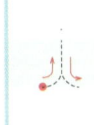

LEIA O TEXTO E PINTE A VOGAL I – i DEPOIS, CIRCULE OS OBJETOS MENCIONADOS NO TEXTO.

O iate de Iago e o ioiô de Iolanda.

JONAS RIBEIRO. ALFABÉTICO: ALMANAQUE DO ALFABETO POÉTICO. SÃO PAULO: EDITORA DO BRASIL, 2015. P. 35.

CUBRA O TRACEJADO DA VOGAL O – o E CONTINUE ESCREVENDO-A. DEPOIS, PINTE O DESENHO.

oca
OCA

COMPLETE AS PALAVRAS DO DIAGRAMA COM A VOGAL O.

	R	A	N	G		T	A	N	G
			N						V
			Ç						E
		P	A	T					L
									H
									A

CUBRA O TRACEJADO DA VOGAL U – u E CONTINUE ESCREVENDO-A. DEPOIS, PINTE O DESENHO.

U	u
U	u

urubu
URUBU

PINTE AS FIGURAS CUJOS NOMES COMEÇAM COM A VOGAL **U**.

EM CADA LINHA, ENCONTRE A PALAVRA INTRUSA E PINTE-A.

A E I O U			
	ASA	BATATA	ANEL
	CACHORRO	ESCADA	ESTOJO
	INVERNO	ISCA	DADO
	OURO	SOFÁ	OSTRA
	URUBU	UNIFORME	CADEIRA

LIGUE CADA IMAGEM À LETRA INICIAL DE SEU NOME.

OBSERVE AS CENAS E COPIE AS PALAVRAS DO QUADRO NOS BALÕES DE FALA.

oi   au   ai   ui

COMPLETE AS PALAVRAS COM *ou* OU *ei*

cen___ra

chuv___ro

tes___ra

bal___a

t___ro

az___te

LEIA A QUADRINHA E PINTE AS PALAVRAS QUE TÊM O ENCONTRO VOCÁLICO ão.

O papagaio Aragão
entrou em uma grande confusão,
tomou os ovos da pavoa
e levou bicadas do pavão.

QUADRINHA.

AGORA, DESENHE O PAVÃO QUE FOI CITADO NA QUADRINHA.

A LAGARTA ESTÁ COM FOME, MAS ELA SÓ COMERÁ AS FOLHAS QUE TÊM PALAVRAS COM DUAS VOGAIS JUNTINHAS. PINTE APENAS AS FOLHAS QUE A LAGARTA PODE COMER.

- boi
- pipa
- melão
- dado
- coroa
- leite
- cacau

RECORTE DE REVISTAS AS VOGAIS QUE FORMAM CADA ENCONTRO VOCÁLICO E COLE-AS NOS QUADROS.

MUS**EU**

museu

NAV**IO**

navio

MELANC**IA**

melancia

L**UA**

Lua

CUBRA O TRACEJADO DAS CONSOANTES B-b, C-c, D-d
DEPOIS, CONTINUE ESCREVENDO-AS.

COMPLETE AS PALAVRAS COM b, c OU d

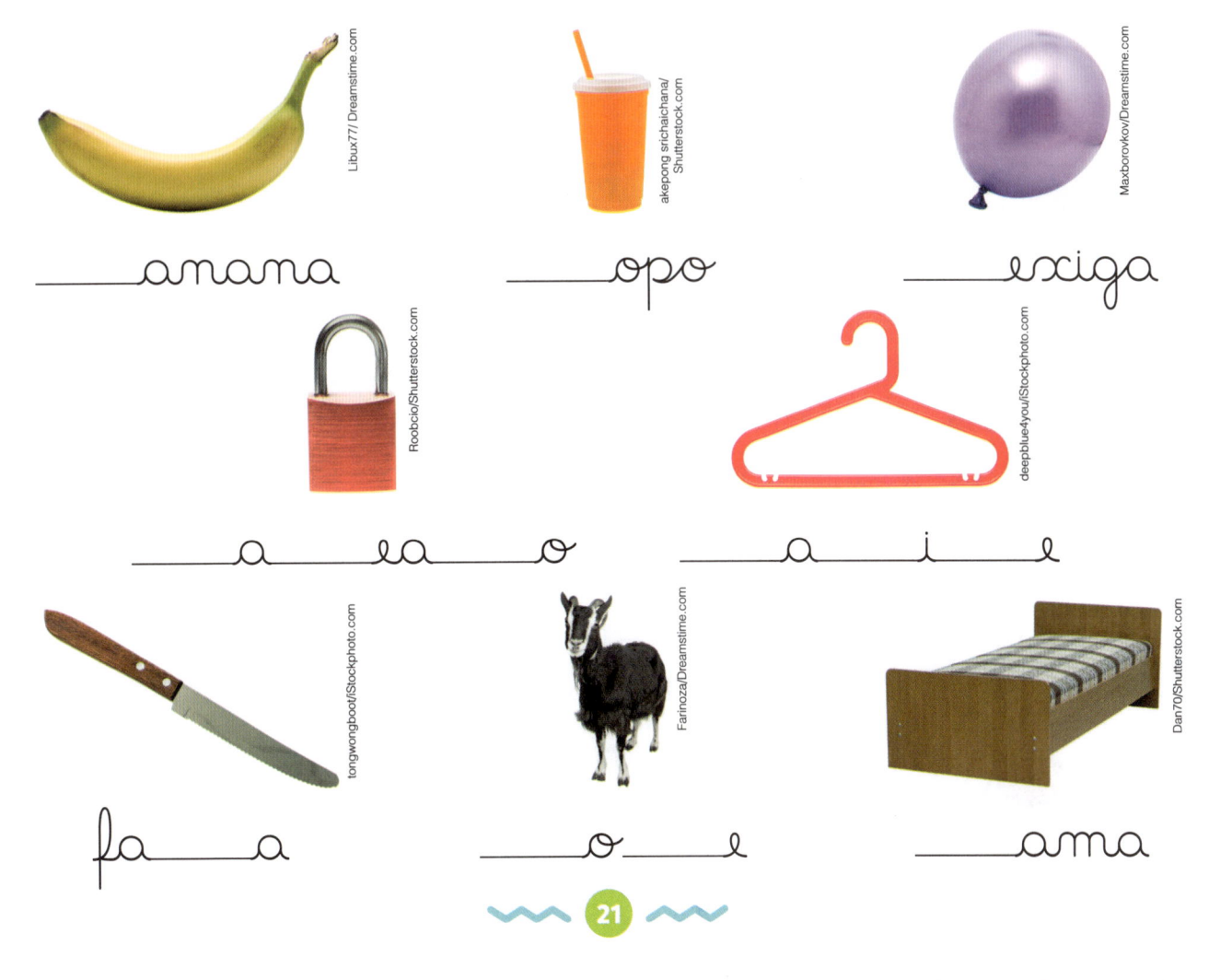

___anana

___opo

___exiga

___a___ea___o

___a___i___e

fa___a

___o___e

___ama

CUBRA O TRACEJADO DAS CONSOANTES $F-f, G-g, H-h$. DEPOIS, CONTINUE ESCREVENDO-AS.

LIGUE CADA FIGURA À LETRA INICIAL DE SEU NOME E DEPOIS AO NOME CORRESPONDENTE.

F   hipopótamo

G   formiga

H   galinha

ESCREVA SEU NOME COM CANETINHA HIDROCOR.

AGORA, PINTE NO ALFABETO AS LETRAS DE SEU NOME DE ACORDO COM A LEGENDA.

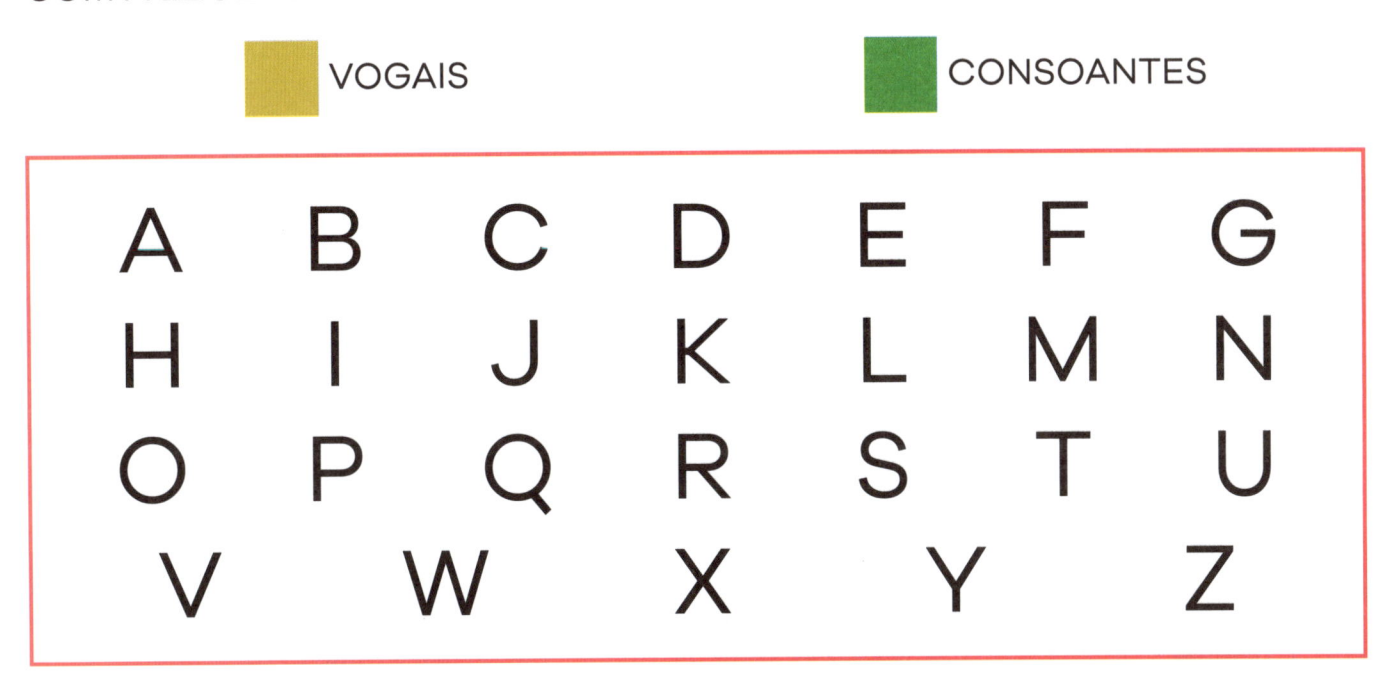

🟨 VOGAIS   🟩 CONSOANTES

A	B	C	D	E	F	G
H	I	J	K	L	M	N
O	P	Q	R	S	T	U
V	W	X	Y	Z		

LEIA OS NOMES, CONTE AS VOGAIS E AS CONSOANTES E ANOTE AS QUANTIDADES.

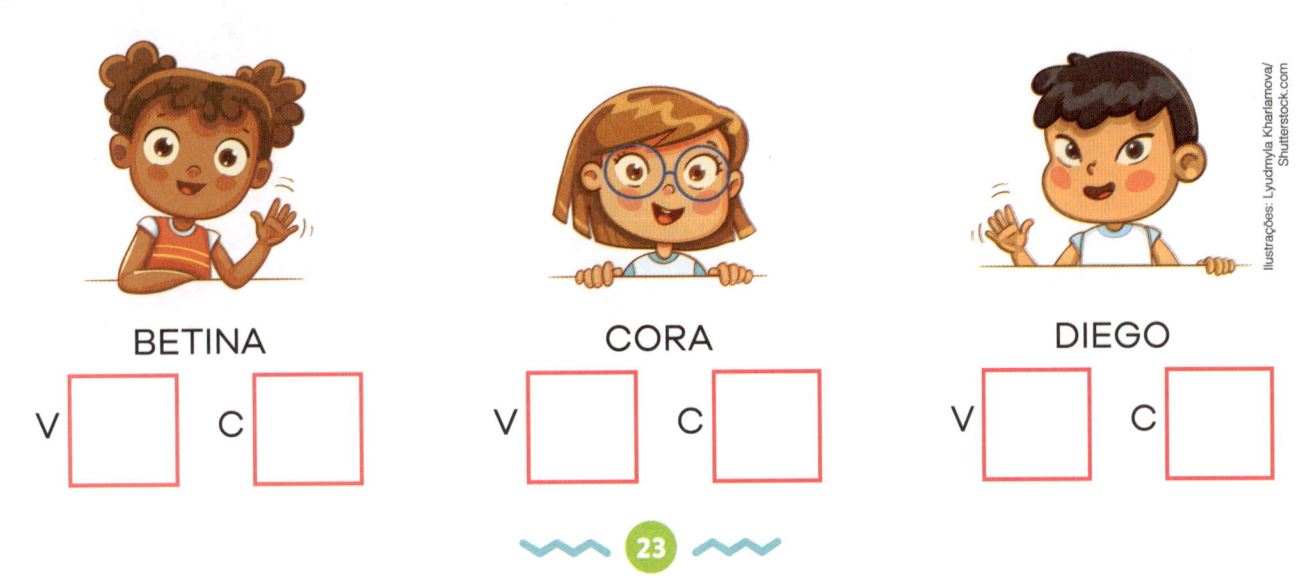

BETINA   V ☐ C ☐

CORA   V ☐ C ☐

DIEGO   V ☐ C ☐

CUBRA O TRACEJADO DAS CONSOANTES J - j, K - k, L - l. DEPOIS, CONTINUE ESCREVENDO-AS.

ADIVINHE O NOME DE CADA CRIANÇA E ESCREVA-O NA LINHA CORRESPONDENTE.

JOÃO – KAREN – LAURA

MEU NOME COMEÇA COM L.

MEU NOME COMEÇA COM J.

MEU NOME COMEÇA COM K.

CUBRA O TRACEJADO DAS CONSOANTES M - m, N - n, P - p
DEPOIS, CONTINUE ESCREVENDO-AS.

LIGUE CADA PALAVRA À IMAGEM CORRESPONDENTE.

nota

pena

menino

novelo

panela

mamadeira

DESCUBRA A LETRA ESCONDIDA NOS QUADROS COM IMAGEM E ESCREVA-A ABAIXO.

DICA: O NOME DA IMAGEM COMEÇA COM ESSA LETRA.

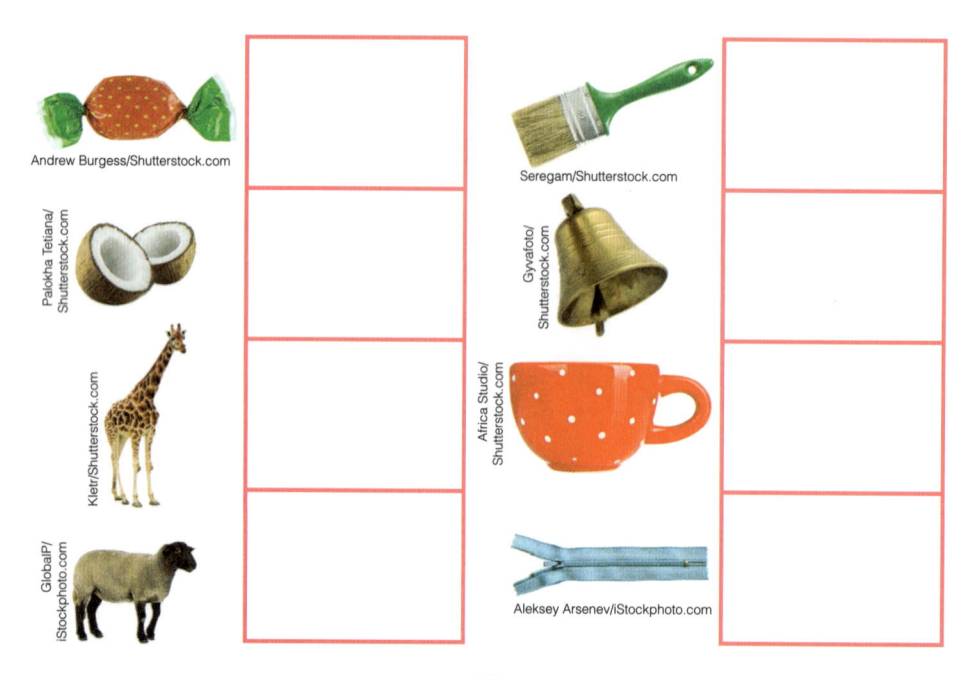

CUBRA O TRACEJADO DAS CONSOANTES Q - q, R - r, S - s DEPOIS, CONTINUE ESCREVENDO-AS.

LEIA O POEMA E CIRCULE AS LETRAS USANDO LÁPIS NAS CORES INDICADAS NA LEGENDA.

■ Q q   ■ R r   ■ S s

O móbile
Quatro palhaços
Dançam contentes
Soltos no ar
Feito meninos

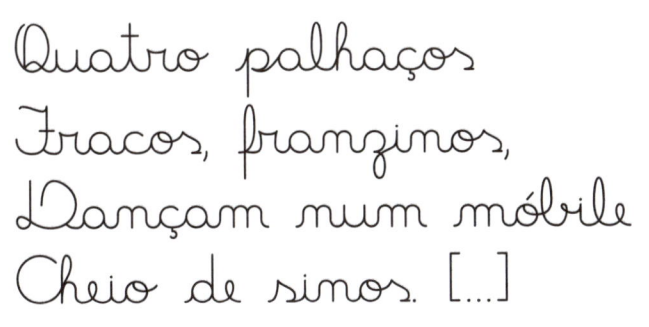

Quatro palhaços
Fracos, franzinos,
Dançam num móbile
Cheio de sinos. [...]

SÉRGIO CAPPARELLI. 111 POEMAS PARA CRIANÇAS. PORTO ALEGRE: L&PM, 2009. P. 16.

CUBRA O TRACEJADO DAS CONSOANTES T-t, V-v, W-w.
DEPOIS, CONTINUE ESCREVENDO-AS.

PINTE AS FIGURAS DE ACORDO COM A LEGENDA.

■ COMEÇA COM t   ■ COMEÇA COM v   ■ COMEÇA COM w

vaca   tatu   walkie-talkie

vassoura   tigela

CUBRA O TRACEJADO DAS CONSOANTES X-x, Y-y, Z-z. DEPOIS, CONTINUE ESCREVENDO-AS.

PINTE NO QUADRO TODAS AS CONSOANTES **X**, **Y** E **Z**.

X	a	V	c	z	R	Z	J	m	Y
x	z	t	y	r	E	F	x	m	b
P	f	X	t	Q	x	R	y	O	q
Y	u	a	B	y	q	m	s	z	L
i	y	W	Z	d	v	X	Q	c	v
R	u	x	s	j	D	e	C	Z	h
f	z	C	q	B	Y	m	T	C	p
v	o	D	y	f	x	s	u	x	R

OBSERVE O ALFABETO CURSIVO MAIÚSCULO E SEPARE AS LETRAS EM **VOGAIS** E **CONSOANTES** NA TABELA ABAIXO.

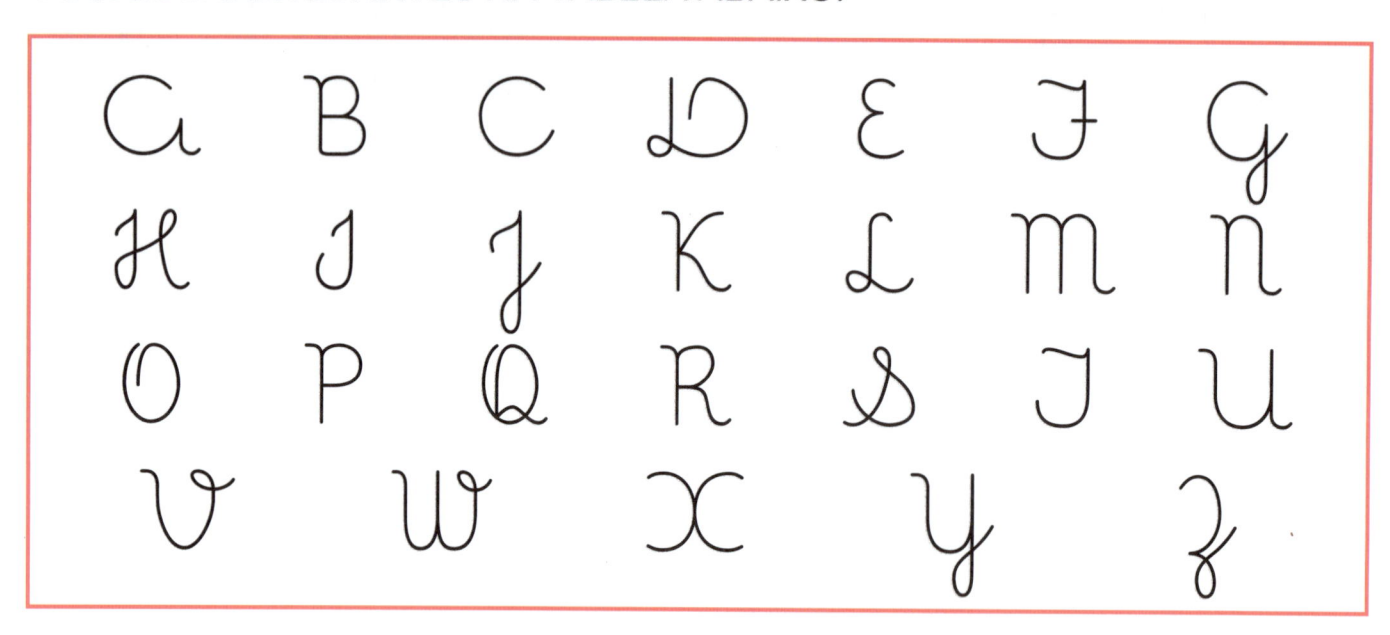

A B C D E F G
H I J K L M N
O P Q R S T U
V W X Y Z

VOGAIS	CONSOANTES

ENCONTRE O CAMINHO PARA A FLORESTA. SIGA A SEQUÊNCIA DO ALFABETO.

ESCOLHA QUATRO LETRAS DO ALFABETO E ESCREVA UMA PALAVRA INICIADA POR CADA UMA.

ENCONTRE O CAMINHO PARA CHEGAR ATÉ OS BRINQUEDOS. DEPOIS, COPIE AS LETRAS DO CAMINHO PARA FORMAR O NOME DELES.

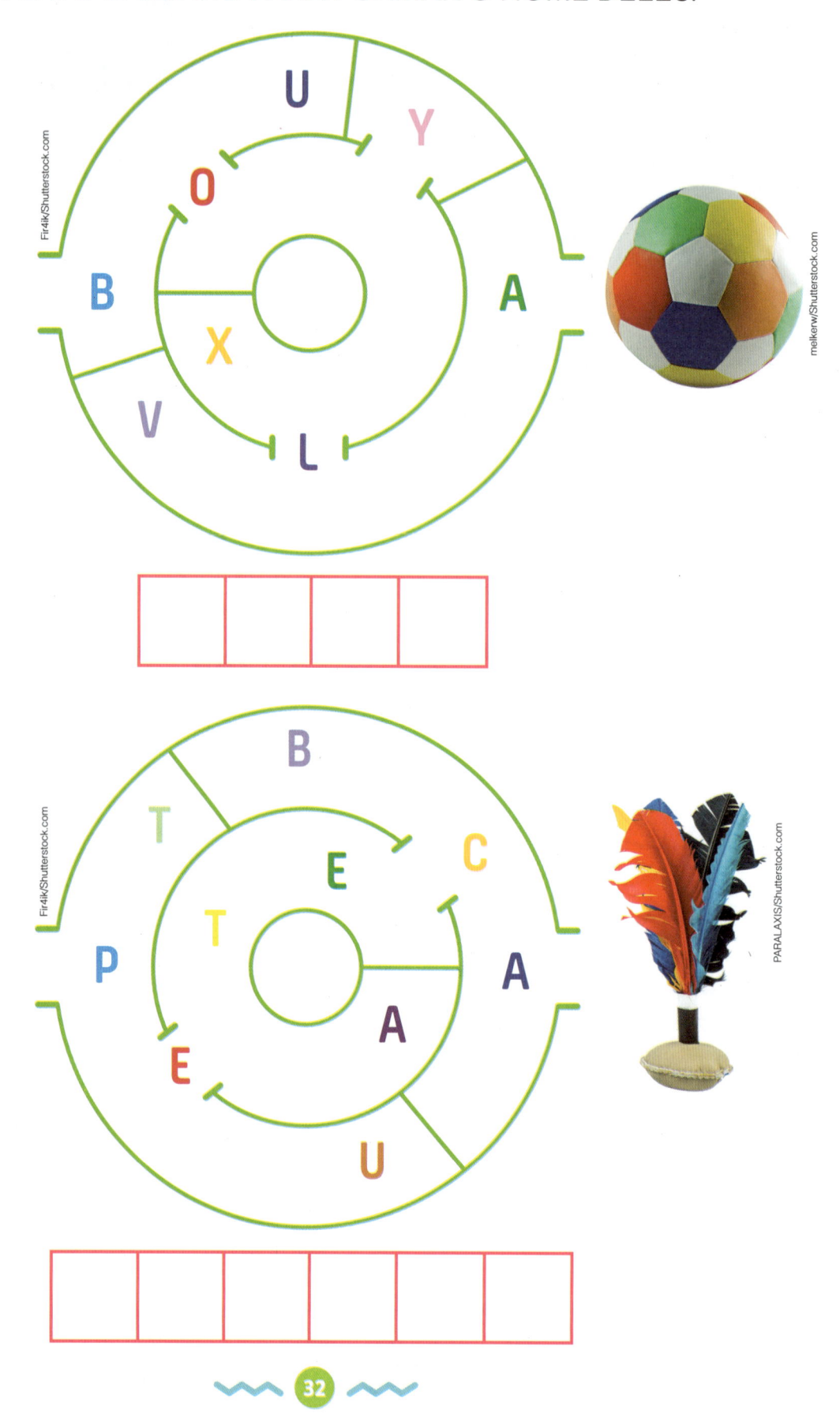

BRINCANDO COM

Jaime Teles da Silva
Graduado em Pedagogia
Bacharel e licenciado em Educação Física
Especializado em Educação Física Escolar
Professor na rede municipal

Letícia García
Formada em Pedagogia
Professora de Educação Infantil

Vanessa Mendes Carrera
Mestra em Educação
Pós-graduada em Alfabetização e Letramento
Graduada em Pedagogia
Professora de Educação Infantil e do 1º ano do Ensino Fundamental

Viviane Osso L. da Silva
Pós-graduada em Neurociência Aplicada à Educação
Pós-graduada em Educação Inclusiva
Graduada em Pedagogia
Professora de Educação Infantil e do 1º ano do Ensino Fundamental

CADERNO DA FAMÍLIA

2

Educação Infantil

Editora do Brasil

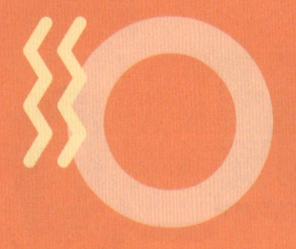

Meu filho de **4 anos** é a cara da mãe. Aliás, parece com a mãe em tudo que faz e eles estão sempre juntos. Se não fosse a escola, viveriam grudados um no outro. Você acredita que os dois gostam de ler antes de dormir? Ah, e detestam sopa! São realmente iguaizinhos...

REINALDO, PAI DO GUILHERME.

> Minha filha de **5 anos** é uma menina independente. Desde muito pequena, ela se destacou por causa disso. Até a professora elogia a autonomia dela! Às vezes, sinto falta do meu bebê. Parece que ela cresceu tão rápido...

ANITA, MÃE DA DANIELA.

Caros familiares,

O objetivo deste caderno é enriquecer e ampliar os modos de interação entre vocês, seu filho e a escola, abordando algumas das principais questões que permeiam o universo infantil.

Assim como em um almanaque, preparamos e selecionamos um conjunto de textos variados, diversas dicas e informações, além de brincadeiras e receitas culinárias específicas para serem feitas com seu filho, de acordo com a fase de desenvolvimento na qual ele se encontra.

O caderno está organizado por temas, que apresentam uma introdução e um texto complementar de um especialista, os quais podem ser lidos aleatoriamente, de acordo com o interesse e a necessidade do momento.

É importante destacar que não temos a intenção de esgotar o debate de assuntos tão complexos, e, sim, proporcionar diferentes discussões e estabelecer novas parcerias.

Esperamos que este caderno acompanhe o dia a dia da família e que a plenitude de ser criança seja vivenciada por seu filho em casa e na escola.

Os autores.

dotshock/Shutterstock.com

Sumário

1. O desenvolvimento infantil 8

    Outras Palavras ▶ Características da faixa etária dos 4 aos 5 anos 10

2. União entre escola e família 11

    ▶ Direitos de aprendizagem e desenvolvimento na Educação Infantil 13

    Outras Palavras ▶ E se eu for chamado na escola? 14

3. Livros em família 15

    Outras Palavras ▶ Como incentivar a leitura infantil? 17

4. A família e as tecnologias digitais 18

    Outras Palavras ▶ 7 maneiras de usar a tecnologia a favor das crianças 20

5. *Bullying* em pauta..**21**

    Outras Palavras ▶ Conheça 4 tipos de *bullying* e saiba como lidar em cada caso **22**

6. Brincar, aprender e ser criança...............................**25**

    Outras Palavras ▶ As melhores brincadeiras para cada fase **26**

Brincando com seu filho................................**28**

    Atividades manuais para fazer com a criança **28**

    Receitas culinárias..**31**

Sugestões de leitura..**32**

1 O desenvolvimento infantil

A cultura na qual estamos inseridos e as histórias pessoais nos tornam diferentes uns dos outros, por isso a vida adulta é tão diversa e singular quando observamos os indivíduos que dela fazem parte. Entretanto, são nossas semelhanças que nos definem como espécie.

É por isso que os bebês são tão parecidos entre si: no que diz respeito ao desenvolvimento infantil, o peso da maturação biológica ainda é maior do que o das influências histórico-culturais, fato que se inverte ao longo da vida.

Portanto, cada criança será única em seu desenvolvimento, considerando, claro, os limites e as possibilidades estabelecidas pelos aspectos biológicos.

O desenvolvimento infantil não ocorre de maneira linear e progressiva, e sim na forma de uma espiral. Ele depende das oportunidades de aprendizado oferecidas às crianças e, nessa faixa etária, a principal fonte são as brincadeiras.

Assim, às vezes temos a impressão de que a criança "desaprendeu" algo de um dia para outro, mas a oscilação ocorre até o momento em que a habilidade em questão se consolida e, mesmo estabelecida, ela ainda sofrerá transformações ao longo da vida.

Por isso, é possível observar características comuns por faixa etária, porém sem considerá-las regras passíveis de classificar o desenvolvimento de uma criança como pleno ou deficitário, diagnóstico que somente pode ser dado por um profissional da área.

Ao conhecer essas características, a família pode compreender as transformações que acontecem na vida da criança e evitar compará-la a outras, mesmo que sejam irmãos gêmeos.

Afinal, para além dos aspectos biológicos, irmãos tendem a ser diferentes e, portanto, incomparáveis no respectivo desenvolvimento. Só o fato de ser o caçula ou o mais velho já interfere nas oportunidades de aprendizagem e estímulos recebidos pela criança, pois ela será tratada e se verá de forma completamente diversa.

Todas as crianças devem ser incentivadas e elogiadas, respeitando-se o ritmo de cada uma. A aprendizagem tanto em casa como na escola proporcionará um desenvolvimento físico, intelectual, social, emocional e moral pleno.

Acompanhe as conquistas de seu filho sem cobrança ou ansiedade e registre cada passo, cada palavra. Afinal, a infância passa muito rápido.

DICAS DE ●●●

... APRENDER LINGUAGEM (0-5 ANOS). Laboratório de Educação. Guia sobre o desenvolvimento da linguagem em crianças de 0 a 5 anos.
▶ Disponível em: http://aprenderlinguagem.org.br. Acesso em: maio 2019.

OUTRAS PALAVRAS

▶ **Características da faixa etária dos 4 aos 5 anos**

Desenvolvimento físico
- Rápido desenvolvimento muscular.
- Grande atividade motora, com maior controle dos movimentos.
- Consegue escovar os dentes, pentear-se e vestir-se com pouca ajuda.

Desenvolvimento intelectual
- Adquiriu já um vocabulário alargado, constituído por 1500 a 2000 palavras; manifesta um grande interesse pela linguagem, falando incessantemente.
- Compreende ordens com frases na negativa.
- Articula bem consoantes e vogais e constrói frases bem estruturadas.
- Exibe uma curiosidade insaciável, fazendo inúmeras perguntas.
- Compreende as diferenças entre a fantasia e a realidade.
- Compreende conceitos de número e de espaço: "mais", "menos", "maior", "dentro", "debaixo", "atrás".
- Começa a compreender que os desenhos e símbolos podem representar objetos reais.
- Começa a reconhecer padrões entre os objetos: objetos redondos, objetos macios, animais...

Desenvolvimento social
- Gosta de brincar com outras crianças; quando está em grupo, poderá ser seletiva acerca dos seus companheiros.
- Gosta de imitar as atividades dos adultos.
- Começa aprender a partilhar, a aceitar as regras e a respeitar a vez do outro.

Desenvolvimento emocional
- Os pesadelos são comuns nesta fase.
- Tem amigos imaginários e uma grande capacidade de fantasiar.
- Procura frequentemente testar o poder e os limites dos outros.

Anna Kraynova/Shutterstock.com

OUTRAS PALAVRAS

- Exibe muitos comportamentos desafiantes e opositores.
- Seus estados emocionais alcançam os extremos: por exemplo, é desafiante e depois bastante envergonhada.
- Tem uma confiança crescente em si própria e no mundo.

Desenvolvimento moral
- Tem maior consciência do certo e errado, preocupando-se geralmente em fazer o que está certo; pode culpar os outros pelos seus erros (dificuldade em assumir a culpa pelos seus comportamentos).

Fases do desenvolvimento infantil (0 a 6 anos). *MUNDO DO ABC*. Disponível em: www.mundodoabc.com.br/blog/143-fases-do-desenvolvimento-infantil-0-a-6-anos. Acesso em: jul. 2019.

2 União entre escola e família

Atualmente, mesmo para marcar a chamada "reunião de pais", é preciso encontrar um espaço disponível nas concorridas agendas dos adultos, principalmente por causa de compromissos profissionais.

Sabemos que a família é, em parte, responsável pela construção de um diálogo efetivo com a escola. Desde o momento em que se conhece a proposta pedagógica do estabelecimento, é possível se envolver e, posteriormente, acompanhar o período de adaptação das crianças conversando sobre o cotidiano escolar com elas.

A escola não é um lugar apenas para as crianças, é também para as famílias. Sem o apoio delas, o trabalho do professor torna-se limitado, circunscrito e, algumas vezes, pode não se concretizar.

Acompanhe o trabalho do professor, oriente seu filho nas tarefas de casa, compartilhe experiências com outras famílias. Enfim, participe dos canais de comunicação oferecidos pela instituição.

Para completar, dê bons exemplos para as crianças incentivando os estudos e valorizando o papel da escola na vida delas. Forme uma parceria verdadeira com a escola!

Foi pautada pela Base Nacional Comum Curricular (BNCC) que a escola escolhida por você elaborou a proposta pedagógica, organizou o currículo e selecionou o material didático para seu filho.

A BNCC é um documento de caráter normativo que define quais aprendizagens são essenciais ao desenvolvimento pleno dos alunos das escolas brasileiras, da creche ao Ensino Médio, tanto públicas como privadas.

No que diz respeito à Educação Infantil, a BNCC estabelece seis direitos de aprendizagem e desenvolvimento que devem ser garantidos a todas as crianças do país.

DICAS DE • • •

... *Base Nacional Comum Curricular (Ministério da Educação)*. Texto completo da BNCC.
▶ Disponível em: http://basenacionalcomum.mec.gov.br/abase/#apresentacao. Acesso em: maio 2019.

Direitos de aprendizagem e desenvolvimento na Educação Infantil

- Conviver com outras crianças e adultos, em pequenos e grandes grupos, utilizando diferentes linguagens, ampliando o conhecimento de si e do outro, o respeito em relação à cultura e às diferenças entre as pessoas.
- Brincar cotidianamente de diversas formas, em diferentes espaços e tempos, com diferentes parceiros (crianças e adultos), ampliando e diversificando seu acesso a produções culturais, seus conhecimentos, sua imaginação, sua criatividade, suas experiências emocionais, corporais, sensoriais, expressivas, cognitivas, sociais e relacionais.
- Participar ativamente, com adultos e outras crianças, tanto do planejamento da gestão da escola e das atividades propostas pelo educador quanto da realização das atividades da vida cotidiana, tais como a escolha das brincadeiras, dos materiais e dos ambientes, desenvolvendo diferentes linguagens e elaborando conhecimentos, decidindo e se posicionando.
- Explorar movimentos, gestos, sons, formas, texturas, cores, palavras, emoções, transformações, relacionamentos, histórias, objetos, elementos da natureza, na escola e fora dela, ampliando seus saberes sobre a cultura, em suas diversas modalidades: as artes, a escrita, a ciência e a tecnologia.
- Expressar, como sujeito dialógico, criativo e sensível, suas necessidades, emoções, sentimentos, dúvidas, hipóteses, descobertas, opiniões, questionamentos, por meio de diferentes linguagens.
- Conhecer-se e construir sua identidade pessoal, social e cultural, constituindo uma imagem positiva de si e de seus grupos de pertencimento, nas diversas experiências de cuidados, interações, brincadeiras e linguagens vivenciadas na instituição escolar e em seu contexto familiar e comunitário.

BRASIL. Ministério da Educação. Secretaria da Educação. *Base Nacional Comum Curricular (BNCC)*. Brasília: Ministério da Educação, 2018. Disponível em: http://basenacionalcomum.mec.gov.br/abase/#infantil. Acesso em: jun. 2019.

OUTRAS PALAVRAS

▶ **E se eu for chamado na escola?**

Falta de atenção, desobediência com os professores... Essas são algumas das reclamações que os pais escutam quando são chamados. Saiba o que fazer

Ser chamado para conversar com os professores ou diretores na escola do seu filho porque ele andou aprontando não é nada legal, para os dois lados. Muitas vezes a gente é pego no susto!

Alguns pais não conhecem o dia a dia dos filhos e interpretam o episódio como uma desobediência, aplicando castigos e punições sem conhecer a causa do problema. Normalmente, tem uma causa por trás, sim. E conversar com a escola é só a primeira etapa da investigação: depois, vale bater um bom papo com a própria criança.

"A escola solicita uma reunião com os pais com o objetivo de estabelecer uma parceria. Esse é um momento privilegiado para compreender juntos, a escola e a família, o que está acontecendo com a criança e também para definirem um plano para mudar esse quadro", conta Teresa Bonilha, orientadora educacional da educação infantil do colégio Porto Seguro.

Como a escola pode ajudar?

Os professores devem acompanhar de perto o aluno que apresentar esse tipo de problema, e procurar diferentes estratégias para envolver a criança dentro do ambiente escolar de maneira saudável. "Os objetivos são descobrir seus conhecimentos prévios e utilizar isso a favor da sua aprendizagem, e incentivar os vínculos do aluno com seus professores para que ele confie nos profissionais da escola e sinta-se seguro para se colocar e conversar", explica Teresa.

Veja algumas dicas que você pode colocar em prática dentro de casa:

Conversar, sempre! – Manter uma relação aberta e de confiança, para que a criança fique à vontade para conversar e contar o que acontece no seu dia a dia.

Estudo supervisionado – Crie uma rotina diária destinada aos estudos. Sempre que puder, acompanhe esse momento de perto e ofereça ajuda, se seu filho tiver alguma dificuldade. Esse acompanhamento serve para ver quais são os pontos fracos e, eventualmente, descobrir o que tira a atenção do seu filho.

Abrir os horizontes – O mais importante de todos: incentivá-lo durante as tarefas a procurar novas áreas de interesse. [...]

E se eu for chamado na escola?
Pais&Filhos, 25 ago. 2014. Disponível em: https://paisefilhos.uol.com.br/crianca/e-se-eu-for-chamado-na-escola. Acesso em: jul. 2019.

3 Livros em Família

A família também pode ser um lugar de aprendizagem da leitura e, principalmente, do desenvolvimento do hábito da leitura de livros. Mas por onde começar? O que fazer?

Sim, o primeiro passo é disponibilizar livros para seu filho: todo livro é uma porta aberta para o mundo da leitura.

Bons livros colocados à disposição da criança cumprem esse primeiro passo. Nesse caso, o importante não é a quantidade, mas a qualidade e a diversidade desses materiais impressos.

Pegar, cheirar, olhar e até mesmo colocar na boca… o livro chega na vida da criança como mais um objeto a ser descoberto.

Permita e incentive essa exploração sensorial. Aos poucos, o livro deixará de ser um brinquedo, e seu filho começará a brincar de ler; aos poucos, ler deixará de ser uma brincadeira e se tornará um hábito prazeroso.

Se o acesso é o primeiro passo, então, uma cesta, uma caixa ou algumas prateleiras ao alcance da criança é fundamental.

Entretanto, não basta apenas ter acesso aos livros; sempre que possível, participe de momentos de leitura com seu filho e seja um modelo de leitor: leia para ele e com ele.

Partilhe sentimentos com seu filho, valorizando o livro e a leitura em casa e na família: como é bom ganhar um livro novo, como é gostoso ler antes de dormir!

E lembre-se: você é um modelo para seu filho em vários aspectos. Ao imitar o adulto, a criança aprende com ele. Por que não aprender a ser um leitor apaixonado por livros?

Por fim, propicie diferentes vivências para seu filho: passeiem por livrarias, bibliotecas públicas, feiras de livros; experimentem ler livros diferentes, lado a lado, ler com outros membros da família ou participar de um clube de leitura.

Desse modo, além da própria casa e da escola que frequenta, a criança conhecerá novos espaços repletos de livros e novos leitores em quem se inspirar.

DICAS DE •••

... Livros para uma cuca bacana – Página de busca de livros de literatura infantil da revista *Crescer*.
▶ Disponível em: http://editora.globo.com/especiais/crescer_cuca_bacana/resultadoBusca.asp. Acesso em: maio 2019.

... *A Taba* – Livros para ler em rede.
▶ Disponível em: https://loja.ataba.com.br. Acesso em: maio 2019.

... *Sistema Nacional de Bibliotecas Públicas*.
▶ Disponível em: http://snbp.cultura.gov.br/sebps. Acesso em: maio 2019.

OUTRAS PALAVRAS

▶ Como incentivar a leitura infantil?

Uma das dicas para incentivar a leitura infantil é associar a atividade com outras atrativas e divertidas!

A leitura é um hábito que se cria, e como todo hábito deve ser cultivado no dia a dia das crianças para se tornar uma rotina comum e familiar. Os pequenos geralmente aprendem a ler por volta dos cinco anos, mas precisam ser inseridos no mundo da leitura antes dessa idade. Para isso, devemos aproveitar o comportamento infantil natural de observação e imitação das atitudes dos pais, além de relacionar a atividade a outras atrativas e divertidas.

Paulo Ramicelli, assessor da diretoria do Instituto EDP, entidade responsável pelo projeto "Ler é uma Viagem", explica que o principal mecanismo para incentivar a leitura é a criatividade. "O momento da leitura tem que ser visto como uma hora de diversão; associar o hábito a uma obrigação fará com que a criança tenha a sensação de que está sendo punida, e assim dificilmente desenvolverá o prazer que a leve a inserir a leitura em sua rotina."

O primeiro passo é tornar os livros mais atraentes, e aí entra o papel fundamental dos pais ou responsáveis. "Para as crianças se apaixonarem pelos livros, não é preciso saber ler. Isso pode acontecer sem que elas sejam alfabetizadas. Elas precisam ser estimuladas a ter contato com a leitura antes mesmo de completarem um ano. É necessário que o educador passe um tempo lendo para a criança. A leitura pode ser feita de inúmeras maneiras, mas o ideal é que seja de modo lúdico. Vale apostar em encenações teatrais, fantasias, fantoches e contar com a ajuda de algum instrumento musical que o leitor saiba tocar, sempre estimulando e incentivando a participação do pequeno na brincadeira", sugere Ramicelli.

É importante escolher um estilo de livro que esteja de acordo com a faixa etária e com um tema de que a criança goste. "Isso faz com que ela busque conhecimento sozinha e seja mais autônoma na descoberta dos próximos livros que desejará ler. Aos poucos, tente estimular outros temas, mas sempre respeitando o gosto da criança. [...] Opções com bastante imagens e ilustrações são uma boa pedida. "Crianças gostam de imaginar o que está escrito, assim como nós. Peça para ela interpretar a cena da maneira como ela imagina; isso fará com que a leitura ganhe vida e ajudará a estimular a imaginação. Vá incluindo letras e frases na brincadeira, mas sempre estimule a interpretação", completa.

MEDEIROS, Tainah. Como incentivar a leitura infantil. *Drauzio*. Disponível em: https://drauziovarella.uol.com.br/pediatria/como-incentivar-a-leitura-nas-criancas. Acesso em: jul. 2019.

4 A família e as tecnologias digitais

Se as tecnologias digitais estão impregnadas em nosso dia a dia, imagine na vida das nossas crianças? Portanto, devem fazer parte da educação, seja na família, seja na escola.

Para tanto, devemos orientar nossos filhos, a fim de capacitá-los para usufruir ao máximo das potencialidades dessas tecnologias, e, ao mesmo tempo, protegê-los e estabelecer limites saudáveis de uso.

Por que não perguntar o que eles gostam de assistir no *tablet*, por exemplo, e oferecer outras opções? Que tal ouvir músicas ou ler livros no celular? Isso significa ensinar e aprender com as crianças; afinal, elas têm tanta ou mais facilidade do que nós. Nesses e em outros casos, o importante sempre será a qualidade do material ofertado e, claro, sua supervisão.

Mas e o tempo dedicado às telas? Bom senso é a resposta mais adequada. Crianças pequenas aprendem por meio dos sentidos, dos movimentos e das ações. Quanto menor a criança, menos tempo deve ser dedicado às telas, portanto.

Já para as crianças dos 2 aos 6 anos, é necessário que o uso das tecnologias digitais seja mais uma das atividades realizadas por elas, sem substituir nenhuma e sequer acontecer simultaneamente às demais atividades que fazem parte do cotidiano.

Os momentos que antecedem a hora de dormir ou aqueles dedicados à alimentação, por exemplo, devem ser livres de quaisquer tecnologias digitais. Antes de dormir, o tradicional livro impresso pode ser a companhia ideal; nas refeições, a atenção deve estar voltada aos cheiros, sabores e texturas dos alimentos.

Os momentos de lazer também merecem atenção especial. Existem vários tipos de passeios e brincadeiras que as crianças devem vivenciar para além das telas e, se possível, ao ar livre.

Quanto às redes sociais, siga as regras por elas estabelecidas, assim como nos demais aplicativos e *softwares*. E lembre-se: a melhor estratégia continua sendo o diálogo.

DICAS DE • • •

- Abra as orelhas: 20 bandas para ampliar o repertório das crianças. *Lunetas*, 12 dez. 2016.
  - ▶ Disponível em: https://lunetas.com.br/abra-as-orelhas-20-bandas-para-ampliar-o-repertorio-das-criancas. Acesso em: maio 2019.

- Dá o *play*! 14 canais infantis no YouTube livres de publicidade. *Lunetas*, 4 jan. 2019.
  - ▶ Disponível em: https://lunetas.com.br/canais-infantis-no-youtube. Acesso em: maio 2019.

- Curtas que arrebatam. *Laboratório de Educação*. Seleção de curtas para crianças.
  - ▶ Disponível em: https://labedu.org.br/serie/curtas-que-arrebatam. Acesso em: maio 2019.

- *Turma da Mônica:* Página com quadrinhos, vídeos, passatempos etc.
  - ▶ Disponível em: http://turmadamonica.uol.com.br. Acesso em: maio 2019.

- Poemas musicados de Manoel de Barros viram app, de Bia Reis. *Estante de letrinhas*, 11 jun. 2019. Aplicativo para IOS e Android com poemas musicados do poeta.
  - ▶ Disponível em: https://cultura.estadao.com.br/blogs/estante-de-letrinhas/poemas-de-manoel-de-barros-musicados-viram-app. Acesso em: maio 2019.

- *Kidsbook:* Site com 11 livros infantis para ler no celular.
  - ▶ Disponível em: www.euleioparaumacrianca.com.br. Acesso em: maio de 2019.

OUTRAS PALAVRAS

▶ 7 maneiras de usar a tecnologia a favor das crianças

As telas são parte do seu dia a dia e do seu filho. Então, que tal aprender a usá-las a favor de sua família?

Computador, *tablet*, celular, *video game*... As telas não precisam ser inimigas na hora de educar as crianças. Na verdade, se você souber usar, dá para fazer o contrário e aproveitá-las como aliados nessa missão. Aqui, sete maneiras de extrair o melhor da tecnologia junto com seus filhos:

1. Crie vínculos

Joguem juntos, assistam a canais de TV ou YouTube que façam sentido para a criança, e, depois, usem essas informações para conversas sobre os mais variados assuntos.

2. Estimule a imaginação

Que tal brincar de criar vídeos e editar fotos com o celular? Ou, ainda, criar suas próprias canções com aplicativos de música? A nuvem é o limite!

3. Viajem juntos por aí!

Google Earth e diversos outros *sites* e aplicativos podem levar vocês a qualquer lugar que quiserem visitar, à distância de um clique.

4. Conectem-se a outras pessoas

A tecnologia deve ser usada para aproximar, e não para distanciar. Chamadas de vídeo, por exemplo, diminuem a saudade da avó ou do amigo que mudou para longe.

5. Incentive a leitura

Já existem versões interativas incríveis de livros digitais para crianças. Isso sem falar que, além de sustentáveis, muitos são gratuitos (ou mais baratos que os impressos).

6. Procure, na internet, alternativas a ela

Você leu certo. A rede é uma fonte inesgotável de brincadeiras novas e artesanatos para vocês fazerem juntos. [...]

7. Amplie o repertório das crianças

Milhões de músicas, espetáculos e filmes estão disponíveis *online*. Que tal mostrar ao seu filho quais eram os seus preferidos na infância?

MONTANO, Fernanda. 7 maneiras de usar a tecnologia a favor das crianças. *Crescer*, 2 abr. 2018. Disponível em: https://revistacrescer.globo.com/Criancas/Comportamento/noticia/2018/04/7-maneiras-de-usar-tecnologia-favor-das-criancas.html. Acesso em: jul. 2019.

5 Bullying em pauta

Quando o tema é *bullying*, as palavras **vítima** e **agressão** estão sempre presentes em nosso discurso. Porém, para que essa prática seja caracterizada, precisamos acrescentar outras, como "entre pares", "repetição", "agressor", "plateia".

O *bullying* ocorre, portanto, entre pares e repetidamente, sendo uma forma de violência manifestada por meio de agressões intencionais morais ou físicas reiteradas, em que é possível identificar a vítima, o agressor, uma plateia.

Essa forma de violência ocorre tanto em escolas públicas quanto em particulares e geralmente afeta crianças que se destacam das demais por causa de alguma característica específica, como ser "o mais estudioso", o "mais baixinho" ou o primeiro da turma a usar óculos.

Nesses casos existe um preconceito que é dirigido àquele que é "diferente" da maioria e, por isso, acaba sendo excluído, sofrendo e se sentindo indefeso e intimidado.

Entre crianças pequenas, ocorrências pontuais de agressão estão mais relacionadas ao processo de identificação do eu e do outro, do meu e do seu, do aqui e agora do que ao *bullying*.

De todo modo, é preciso ficar atento à repetição: se uma criança manifestar qualquer tipo de agressão a outra criança específica com determinada frequência, pode ser *bullying*, sim.

Promover atitudes de respeito e solidariedade desde a mais tenra infância, seja por meio de exemplos, seja por meio do diálogo, é papel da família. E por que não fazer isso por meio da literatura infantil?

DICAS DE ...

... **A minhoca Filomena**, de Marcia Gloria Rodriguez Dominguez (Editora do Brasil).
Filomena não estava satisfeita em ser minhoca e ficar por aí só rastejando em um buraco. Quando, porém, resolveu reclamar da sorte, percebeu que sua vida não era tão ruim assim. Não fosse sua casa um buraco na terra, a essa altura já estaria enchendo o papo do carijó.

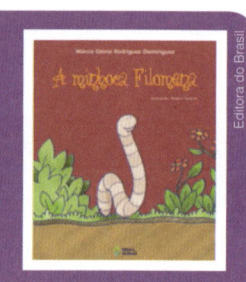

OUTRAS PALAVRAS

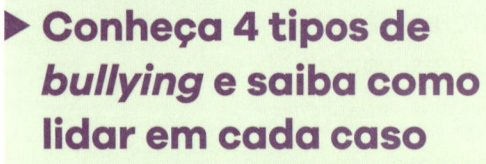

▶ Conheça 4 tipos de *bullying* e saiba como lidar em cada caso

[...] **Bullying verbal**

O que é: o *bullying* verbal, ou intimidação com palavras cruéis faladas, envolve xingamentos, ameaças e comentários desrespeitosos sobre os atributos de alguém (aparência, religião, etnia, deficiência, orientação sexual, etc.).

Exemplo: Quando uma criança diz para outra criança: "Você é muito, muito gordo, igual a sua mãe".

Como detectar os sinais: As crianças podem se afastar, tornam-se temperamentais ou apresentam uma mudança no apetite. Elas podem dizer algo doloroso que alguém lhes disse e perguntar se você acha que é verdade.

O que fazer: Em primeiro lugar, ensine a seus filhos o que é respeito. Através de seu próprio comportamento, como reforçar que todos merecem ser bem tratados – agradecer professores, elogiar amigos, ser gentil com os funcionários da loja. Ensine também autorrespeito, e ajude seus filhos a apreciar os seus pontos fortes.

"A melhor proteção que os pais podem oferecer é estimular a confiança e a independência do seu filho e estar disposto a agir quando necessário", diz Shane Jimerson, Ph.D., psicólogo de escola e professor da Universidade da Califórnia, Santa Barbara. Discutir e praticar

OUTRAS PALAVRAS

formas seguras pode ajudar seu filho na hora de responder à intimidação. Combine com ele algumas respostas para responder, como "Isso não é legal", "Deixe-me sozinho", ou "Deixe-me passar".

Bullying físico

O que é: agressão física e/ou intimidação física que envolve o ato repetido de bater, chutar, fazer tropeçar, bloquear a passagem, empurrar e tocar de maneiras indesejáveis, inadequadas e agressivas.

Exemplo: A criança tem as calças puxadas para baixo nos espaços públicos da escola na hora do almoço.

Como detectar os sinais: Muitas crianças não contam para os seus pais quando isso acontece. Então, fique atento a possíveis sinais como cortes inexplicáveis, arranhões ou hematomas, roupas faltando ou danificadas, ou ainda queixas frequentes de dores de cabeça e de estômago.

O que fazer: Se você suspeitar que seu filho está sendo intimidado fisicamente, comece uma conversa casual – pergunte o que está acontecendo na escola durante o almoço ou a caminho de casa. Com base nas respostas, pergunte se alguém tem sido mau com ele. Tente manter suas emoções sob controle. Comunique a escola em uma conversa aberta entre você e os professores ou orientadores escolares. Documente as datas e horários dos incidentes, as respostas de pessoas envolvidas e as ações que foram tomadas.

Não entre em contato com os pais do agressor (ou agressores) para resolver esse problema. Se o seu filho continua sendo ferido fisicamente, e você precisar de assistência adicional, além da escola, entre em contato com a polícia local.

Bullying relacional

O que é: o *bullying* relacional, ou intimidação com táticas de exclusão deliberadas, é utilizado para prevenir que alguém faça parte de um grupo, seja na mesa do almoço, jogo, esporte ou atividade social.

Exemplo: Um grupo de meninas na aula de dança continua falando sobre uma festa do pijama do fim de semana e compartilha fotos, sem convidar uma única criança e trata a mesma como invisível.

Como detectar os sinais: Preste atenção em alterações de humor e se seu filho está mais sozinho do que o habitual. [...]

O que fazer: A terapeuta familiar em Newport Beach, Califórnia, Jennifer Cannon, aconselha a fazer uma rotina noturna para falar com seus filhos sobre como foi seu dia. Ajude-os a encontrar coisas que os fazem felizes [...] e certifique-se de que eles saibam que há pessoas que amam e se preocupam com eles. [...]

OUTRAS PALAVRAS

Cyberbullying

O que é: *Cyberbullying*, ou intimidação no ciberespaço, ocorre quando alguém espalha mentiras e falsos rumores através de *e-mails*, mensagens de texto e mensagens em redes sociais. Há também o compartilhamento de mensagens sexistas, racistas e homofóbicas que criam uma atmosfera hostil, mesmo quando não estão diretamente orientadas para o seu filho.

Como detectar os sinais: Preste atenção se o seu filho passa bastante tempo *on-line* nas redes sociais, mas parece triste e ansioso depois. Mesmo que ele esteja lendo coisas dolorosas em seu computador, *tablet* ou telefone, esta é a sua única relação social. Veja se ele tem problemas para dormir, implora para ficar em casa ao invés de ir para a escola, ou se pede para sair das atividades que sempre gostou.

O que fazer: Mensagens como estas também podem ser recebidas de forma anônima e rápida. Então, primeiramente, estabeleça regras domésticas para a segurança na Internet. Coloque horários de limite para a idade do seu filho. Conheça os *sites*, aplicativos e dispositivos digitais populares e potencialmente abusivos antes de seus filhos usá-los. Deixe eles saberem que você vai acompanhar as suas atividades.

Ensine a importância de eles não participarem desse tipo de intimidação caso seus amigos estejam praticando. Fale que eles não devem se envolver, responder ou encaminhar esse tipo de mensagem. Que eles devem informar a você toda vez que isso acontecer ou que ele for vítima de *cyberbullying*. Imprima as mensagens ofensivas, incluindo as datas e horários de quando elas foram recebidas. Relate o *cyberbullying* à escola e ao prestador de serviços *on-line*.

Se forem ameaças e mensagens com conteúdos sexualmente explícitos, também entre em contato com a polícia local.

Se o seu filho contar que está sendo intimidado ou que ele tem conhecimento de alguém que esteja, você deve ser solidário, elogiar sua coragem de estar te contando e reunir informações. Tente ao máximo reprimir seus sentimentos ruins em relação a isso. Enfatize a diferença entre ser uma fofoca que está apenas tentando colocar alguém em apuros e explique como você pode ajudar ele naquelas situações. Sempre que casos de *bullying* estiverem acontecendo, principalmente se ele é grave ou persistente, entre em contato com o professor ou o orientador do seu filho, para que ele possa monitorar a situação.

Conheça 4 tipos de *bullying* e saiba como lidar em cada caso. *Pais&Filhos*, 9 fev. 2016. Disponível em: https://paisefilhos.uol.com.br/crianca/conheca-4-tipos-de-bullying-e-saiba-como-lidar-em-cada-caso. Acesso em: jul. 2019.

6 Brincar, aprender e ser criança

Você sabe que brincar é uma das melhores formas de aprender na infância, não é mesmo? Assim, estimule o desenvolvimento de seu filho brincando com ele!

Afinal, cabe à família, em parceria com a escola, criar oportunidades de aprendizagem para a criança se desenvolver de acordo com suas necessidades e interesses.

As brincadeiras envolvem aspectos motores, cognitivos, afetivos e sociais: desde a coordenação dos movimentos até a aquisição da fala, desde a capacidade de expressar sentimentos até o respeito pelo outro.

Portanto, considere que o brincar deve fazer parte da rotina do seu filho. É dessa maneira que ele descobre o mundo e a si mesmo. Lembra quando seu filho era bebê e brincava colocando o pezinho na boca? Ele estava descobrindo o próprio corpo. Lembra quando ele jogava várias vezes a colher no chão? Seu filho estava reconhecendo as propriedades dos objetos, como cair e fazer barulho.

George Rudy/Shutterstock.com

A criança precisa brincar sozinha, com outras crianças e com a família. Em cada caso, habilidades distintas serão exercitadas e conquistadas por ela. Por isso, brincar com seu filho é um presente que você pode dar para ele todos os dias, afinal, não importa o tempo destinado à brincadeira, mas a qualidade da interação entre adultos, crianças e brinquedos.

Brincar de fazer sombras com as mãos na parede é muito divertido para a criança, assim como preparar com você uma receita simples de sobremesa. Esses exemplos nos mostram que o brincar pode ter vários significados e os brinquedos podem ser objetos diversos.

Afinal, como é gostoso correr ao ar livre em um dia de sol ou fazer dobraduras em papel deitados no chão da sala de casa em dias chuvosos. Da mesma forma, ganhar um brinquedo novo ou confeccionar os próprios brinquedos também é motivo de alegria.

Não se esqueça de que a infância passa rápido, mas as memórias e as aprendizagens permanecem. Não é preciso muito para brincar com seu filho; ele já tem tudo de que precisa: você! ✘

OUTRAS PALAVRAS

▶ As melhores brincadeiras para cada fase

Mostramos qual a melhor brincadeira para cada fase do seu filho

Crianças adoram brincar. E você, provavelmente, adora vê-las brincando. Mas deixar que os pequenos se divirtam à vontade com seus brinquedos tem uma razão que vai além da pura diversão: é por meio da brincadeira que eles desenvolvem habilidades como coordenação motora e raciocínio, para falar o básico. Por isso, a gente insiste: deixe seu filho brincar!

Para ele, é a maneira mais divertida de se expressar, além de descobrir o mundo e se relacionar com ele.

Para cada fase do desenvolvimento da criança há brinquedos mais adequados. Uma simples bolinha de pano colorida, por exemplo, pode fazer maravilhas para um bebê que está descobrindo cores, formas e texturas, enquanto uma criança mais crescida com certeza vai preferir um jogo de tabuleiro. Por isso, especialistas explicam quais as brincadeiras mais interessantes em cada faixa etária. Claro que não precisa de tanta

OUTRAS PALAVRAS

▶ rigidez – ao completar certa idade, a criança não é obrigada a abandonar um brinquedo do qual ainda gosta. A questão é bem flexível, e separar as brincadeiras por faixas etárias apenas auxilia a compreender o desenvolvimento dos pequenos em cada fase da infância.

[...]

De 3 a 4 anos

Hora da meleca! Seu filho vai adorar brincadeiras com massinha, tinta e areia, além de rabiscar. A criatividade começa a se desenvolver, e a criança também percebe, com mais intensidade, que pode produzir coisas para oferecer ao outro. A junção disso a gente já conhece: começam a aparecer os famosos desenhos ou esculturas de massinha que vêm acompanhados de um "pra você, pai" ou "pra você, mãe". Nessa faixa etária, em que já há linguagem e vocabulário, quem comanda as brincadeiras é o mundo imaginário. Para deixar as brincadeiras de faz de conta mais divertidas, máscaras, fantoches e fantasias são boas sugestões. Vestidos como seus personagens favoritos, os pequenos adoram "ser" princesas e super-heróis. A criança percebe que seus desenhos começam a parecer com pessoas. Também é a fase dos instrumentos musicais de brinquedo, como pandeiros, pianinhos, trombetas e tambores.

De 4 a 5 anos

O desenvolvimento da criatividade continua aguçado, e a criança começa a criar situações e "se disfarçar". Pode passar um bom tempo batendo um papo imaginário com um telefone de brinquedo, por exemplo. Também são boas opções as casas de bonecas, fazendinhas e circos de brinquedo. Também é a fase em que o pequeno pode se interessar mais ainda por lápis de cor, canetinhas e giz de cera. Experimente comprar uma lousa. Seu filho vai se divertir bastante desenhando e apagando, e o planeta ainda ganha com a economia de papel.

De 5 a 6 anos

A fantasia perde um pouco o espaço, e a criança começa a construir sua identidade. Agora, tem mais autonomia – adora escolher a roupa que quer usar, por exemplo. As bonecas, bolsas e bijuterias começam a fazer sucesso com as meninas. Também costuma ser o momento em que os garotos têm vontade de brincar com postos de gasolina, trenzinhos e caminhões. Nessa idade, em que já existe o convívio e a interação com outras crianças, jogos e atividades em grupo são importantes para que os pais comecem a passar valores éticos, como dividir os brinquedos e não tomar o do outro.

[...]

As melhores brincadeiras para cada fase. *Pais&Filhos*, 7 fev. 2012. Disponível em: https://paisefilhos.uol.com.br/recem-nascido/as-melhores-brincadeiras-para-cada-fase. Acesso em: jul. 2019.

Brincando com seu filho

Atividades manuais para fazer com a criança

Móbile de papel

Que tal construir um móbile juntos? Mais do que ter um enfeite ou uma lembrança, o processo de montagem é o mais interessante. Mãos à obra!

Material:

- página colorida de revista ou papéis de quatro cores diferentes;
- tesoura de ponta arredondada;
- cola;
- quatro fios de linha branca de tamanhos diferentes;
- dois palitos de picolé;
- um palito de dente.

Como fazer

1. Recortem formas irregulares da página da revista ou dos papéis coloridos.
2. Façam um furo na ponta de cada papel recortado com o palito de dente. 
3. Fixem com cola os palitos de picolé cruzados. 
4. Usem cada uma das linhas para unir um pedaço de papel a uma das pontas dos palitos de picolé. Pronto! 

Aranha de batata

Muito divertida, essa aranha de batata ainda pode inspirar a criação de outros animais! Atenção: manuseie os palitos de dente e incentive seu filho a enfeitar a aranha com massinha de modelar ou canetinhas hidrocor.

Cabelo de alpiste

Vocês vão rir muito com essa brincadeira simples! Com uma foto de seu filho e alguns materiais, a diversão está garantida.

Material:
- dois copos plásticos transparentes;
- terra para encher um dos copos;
- alpiste;
- fotografia impressa de seu filho, sem a parte do cabelo, da altura do copo.

Como fazer
1. Encaixem um copo dentro do outro, posicionando a foto no meio, para não molhar.
2. Coloquem a terra e o alpiste.
3. Deixem em um local iluminado e reguem com um pouco de água.

Cachorro de dobradura

Com duas folhas de papel-dobradura colorido, cola e canetinha hidrocor preta, vocês farão um cachorrinho muito fofo! É só seguir o passo a passo.

Tambor de sucata

Chegou a hora de construir um instrumento musical de percussão! Providencie os materiais necessários e oriente seu filho na execução do passo a passo.

Material:

- 1 latinha de molho de tomate ou semelhante;
- 1 bexiga/balão de festa;
- tesoura de ponta arredondada;
- 1 elástico;
- 1 pincel;
- tinta plástica colorida.

Como fazer

Sombras com as mãos

Quem nunca brincou de criar as mais diversas sombras com as mãos? Aproveite o momento com seu filho!

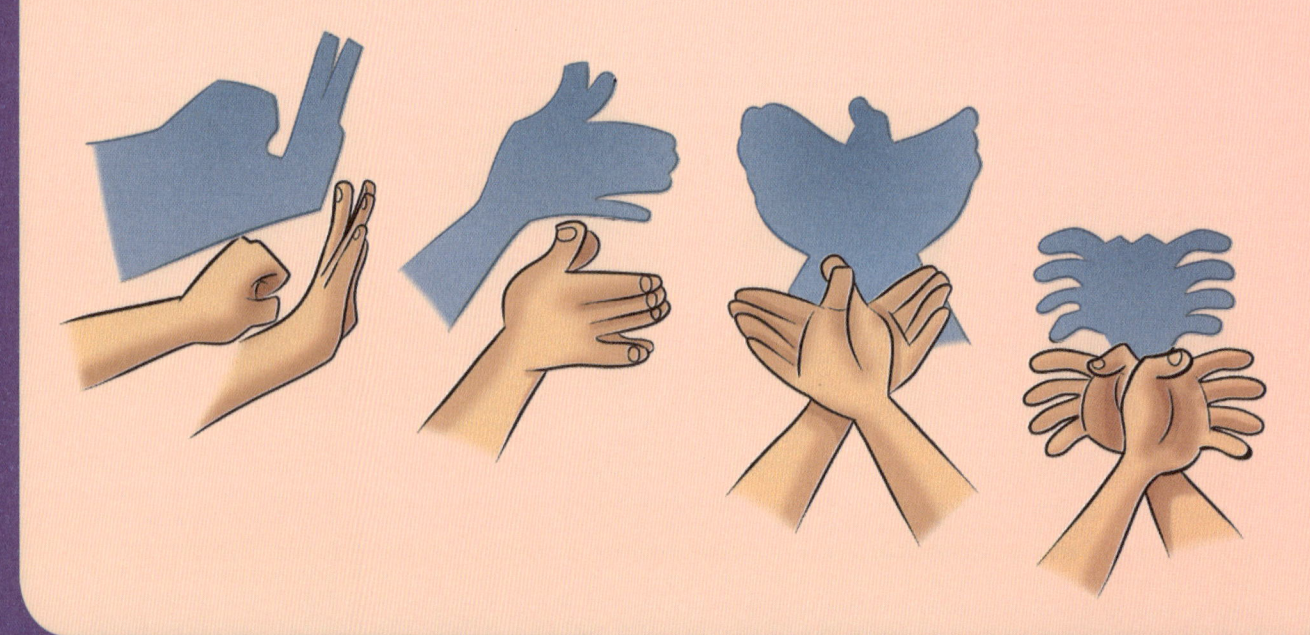

Receitas culinárias

Pavê de morangos com suspiros

Seu filho vai adorar esse delicioso doce! Ele pode dispor cada uma das camadas no refratário, intercalando-as, e enfeitar o pavê com os morangos!

Ingredientes:

- 2 latas de leite condensado;
- 1 colher (sopa) de manteiga;
- 1 lata de creme de leite (300 g);
- 1 pacote de biscoito champanhe (180 g);
- 3 xícaras (chá) de morangos picados;
- 2 xícaras (chá) de *chantilly* pronto;
- 2 xícaras (chá) de minissuspiros;
- morangos inteiros para decorar.

Modo de preparo

1. Leve o leite condensado e a manteiga ao fogo baixo, mexendo. Assim que começar a ferver, cozinhe por 2 minutos, tire do fogo e misture o creme de leite.
2. Em um refratário médio, auxilie seu filho a colocar camadas de biscoito, de creme e de morango, terminando em creme. Instrua-o a espalhar o *chantilly* e o suspiro e a decorar com morangos inteiros.
3. Leve à geladeira por duas horas antes de servir.

Bolo de caneca de chocolate

Além de ser uma receita simples e rápida, seu filho pode misturar todos os ingredientes e ajudar você a conferir os itens necessários para a preparação!

Ingredientes:

- 2 ovos;
- 1/2 xícara (chá) de açúcar;
- 3 colheres (sopa) de manteiga em temperatura ambiente;
- 3 colheres (sopa) de leite;
- 3 colheres (sopa) de achocolatado em pó;
- 1 xícara (chá) de farinha de trigo;
- 1/2 colher (chá) de fermento em pó;
- margarina e farinha de trigo para untar.

Modo de preparo

Em uma tigela, peça a seu filho que misture com uma colher de pau os ovos, o açúcar, a manteiga e o leite. Adicione a farinha e o achocolatado peneirados e instrua-o a misturar até homogeneizar. Acrescente o fermento e mostre a ele como misturar delicadamente. Despeje a massa até a metade da capacidade de uma caneca de 250 mL e leve ao forno micro-ondas, em temperatura média, por 3 minutos. Deixe descansar por 5 minutos.

Sugestões de leitura

CHALUH, Laura Noemi. *Educação e diversidade*: um projeto pedagógico na escola. 2. ed. Campinas: Alínea, 2013.

COPETTI, Jordano. *Dificuldades de aprendizado* – Manual para pais e professores. 2. ed. Curitiba: Juruá, 2008.

COSTA, Livia Fialho; MESSEDER, Marcos Luciano L. *Educação, multiculturalismo e diversidade*. Salvador: Edufba, 2010.

CRAMER, Eugene H., CASTLE, Marrietta. *Incentivando o amor pela leitura*. Porto Alegre: Artmed, 2001.

FANTE, Cleo. *Fenômeno bullying*: como prevenir a violência nas escolas e educar para a paz. Campinas: Verus, 2005.

KISHIMOTO, Morchila Tizuko (Org.). *Jogo, brinquedo, brincadeira e educação*. 14. ed. São Paulo: Cortez, 2011.

KRAMER, Sonia (Org.). *Infância e Educação Infantil*. Campinas: Papirus. 2007.

LOPEZ, Jaume Sarramona. *Educação na família e na escola*. São Paulo: Loyola, 2002.

MARTORELL, Gabriela. *O desenvolvimento da criança*: do nascimento à adolescência. Porto Alegre: Artmed, 2014.

MAUÉS, Danio. *Bullying*: que brincadeira é essa? São Paulo: Paulus, 2012.

MCGUINNESS, Diane. *O ensino da leitura*: o que a ciência nos diz sobre como ensinar a ler. Porto Alegre: Artmed, 2006.

OLIVEN, Ruben George. *A parte e o todo* – A diversidade cultural no Brasil-nação. 2. ed. Rio de Janeiro: Vozes, 2006.

SIEGLER, Robert. *Inteligências e desenvolvimento da criança*. São Paulo: Instituto Piaget, 2004.

TUTTLE, Cheryl Gerson. *Invente jogos para brincar com seus filhos*. São Paulo: Loyola, 1996.

VALENTE, Ana Lucia E. F. *Educação e diversidade cultural*. São Paulo: Moderna, 1999.

VASCONCELOS, Tânia (Org.). *Reflexões sobre a infância e cultura*. Niterói: EdUFF, 2008.

VEQUI, Vilmara Pereira. *Educação e família*: dimensões afetiva, cognitiva e de socialização das crianças. Itajaí: Casa Aberta, 2010.